당신을 만나 봤으면 합니다

## 당신을 만나 봤으면 합니다

2009년 4월 8일 교회 인가
2009년 5월 13일 초판 1쇄 펴냄
2022년 11월 1일 개정 초판 1쇄 펴냄
2024년 7월 16일 개정 초판 4쇄 펴냄

지은이 · 허영엽
펴낸이 · 정순택
펴낸곳 · 가톨릭출판사
편집 겸 인쇄인 · 김대영
편집 · 김지영, 강서윤, 김소정, 박다솜
디자인 · 정진아, 강해인, 송현철, 이경숙, 정호진
마케팅 · 안효진, 황희진

본사 · 서울특별시 중구 중림로 27
등록 · 1958. 1. 16. 제2-314호
전자우편 · edit@catholicbook.kr
전화 · 1544-1886(대표 번호)
지로번호 · 3000997

ISBN 978-89-321-1836-9  03230

값 16,000원

ⓒ 허영엽, 2009
성경·전례문 ⓒ 한국천주교중앙협의회, 2022.

**가톨릭의 모든 도서와 성물을 '가톨릭출판사 인터넷쇼핑몰'에서 만나 보실 수 있습니다.**
http://www.catholicbook.kr | (02)6365-1888(구입 문의)

이 책은 저작권법에 의해 보호를 받는 저작물이므로 무단 전재와 무단 복제를 금합니다.

허영엽 지음

당신을
만나 봤으면 합니다

가톨릭출판사

추천사

# 우리에게 행복을 전해 주는 이야기꾼

　허영엽 마티아 신부님의 글에는 그동안 삶에서 만났던 수많은 분들을 추억하며 그리워하는 마음이 담겨져 있습니다. 하지만 단순히 지난 시간을 추억하는 데에서 그치지 않으시고, 자신이 받았던 사랑을 재해석하여 우리가 신앙적으로 더 깊고 성숙해질 수 있도록 해 주십니다.
　지난 2009년, 허 신부님께서 《신부님, 손수건 한 장 주실래요?》라는 제목의 책을 한 권 선물하셨던 기억이 납니다. 참 곱고 예쁜 제목이라고 생각했습니다. 그때

이 책을 읽은 한 작가 분이 종교를 초월하여 누구나 읽을 수 있는 작품이라며 찬사를 보내시기도 했습니다. 《신부님, 손수건 한 장 주실래요?》를 보완하여 《당신을 만나 봤으면 합니다》라는 제목으로 새롭게 출간된 이번 책에도 이러한 이야기가 담겨 있습니다. 명동 주교관의 마스코트이자 귀염둥이였던 강아지 연지, 좌충우돌 첫영성체 때의 기억, 아련한 이름의 첫사랑, 지난해 선종하신 우리의 작은 별빛 정진석 추기경님…….

누군가와 인연을 맺는다는 것은 삶에서 가장 많은 것을 배우고 나눌 수 있는 은총의 기회입니다. 안타깝게도 이런 사실을 깨닫지 못하는 이들도 많습니다. 하지만 신부님은 스치듯 지나가는 인연과 만남도 소홀히 여기지 않으십니다. 저는 서울대교구 교구장으로, 또 총대리 주교로 지내 온 지난 세월 동안 신부님을 옆에서 가까이 지켜봐 왔습니다. 교구 대변인과 교구장 비서로 일하시며 여러 어려움과 고충도 많으셨을 것입니다. 그럼에도 늘 진심을 다해, 또 상대방을 배려하고 사랑하는 마음으로 다가가셨습니다.

신부님의 글을 읽다 보면 자신이 삶에서 느꼈던 깨달음을 독자들에게 쉽고 친근한 단어로 풀어서 이야기하고자 하는 그 마음이 느껴집니다. 그래서 새 책이 나왔다며 건네주실 때마다 기대가 됩니다. 우리에게 행복을 전해 주는 이야기꾼이신 신부님은 이번 책에서는 또 어떤 이야기를 들려주실까요.

자신의 삶에 사랑으로 자리하셨던 하느님의 발자취를 더듬어 보며, 그분께 찬미를 드리는 신부님의 마음이 여러분에게도 전해지기를 기도드립니다.

2022년 8월, 혜화동에서

염수정 안드레아 추기경

머리말

# 기억할 수 있다는 은총

지하철을 탔을 때였습니다. 대학생으로 보이는 학생이 열심히 책을 읽고 있었습니다. 무슨 책이기에 저렇게 집중해서 읽고 있는 걸까 궁금해서 슬쩍 보았더니, 놀랍게도 저의 책이었습니다. 부끄러운 마음에 재빨리 다른 칸으로 자리를 옮겨 버렸던 기억이 납니다. 그때 처음으로 글을 쓴다는 것에 대한 책임감을 느꼈습니다. 더불어 글로 맺어지는 인연에 대해 생각해 보게 되었습니다. 이번 개정판을 준비하며 지난 2009년에 썼던 머리말을 다시 읽어 보았습니다.

"지난 시간을 되돌아보면 남는 건 후회와 부족함뿐입니다. 그래도 하느님의 은총이 있었기에 지금의 제가 있음을 고백하지 않을 수 없습니다."

지금도 이 마음은 변함이 없습니다. 원고를 다시금 묶고 보니 제 삶에 함께하시는 하느님의 숨결을 느끼게 됩니다. 또 사랑과 은총으로 함께해 주신 많은 분들이 계셨음을 깨닫게 됩니다. 그분들 덕택에 부족한 제 자신이 지금의 꼴을 갖추게 된 게 아닐까 싶습니다. 몇 분은 이미 하느님 품에 안기기도 하셨지요.

초판 때에는 김수환 추기경님을 떠나보냈던 이야기를 실었는데, 이번에는 정진석 추기경님을 보내드리게 되었습니다. 다가온 죽음을 충실하고 용감히 준비하시던 모습이 떠오릅니다. 생의 마지막을 준비하는 이의 얼굴이 그토록 평화로울 수 있음에 경이로움을 느꼈습니다. "나는 훌륭히 싸웠고 달릴 길을 다 달렸으며 믿음을 지켰습니다."(2티모 4,7)라고 고백하던 바오로 사도처럼 주어진 삶을 힘껏 사랑했던 이들에게 주어진 특전이 아닐까 생각해 봅니다. 그분들을 기억하며 지나온 제 삶에 새겨진 은총의 순간들을 떠올려 봅니다.

프랑스의 화가이며 시인인 마리 로랑생은 〈잊혀진 여인〉이라는 시에서 "죽은 여인보다 더 가엾은 여인은 잊힌 여인"이라고 이야기했습니다. 기억은 하느님께서 인간에게 주신 선물입니다. 인간이 무언가를 기억하는 한 관계의 실타래는 끊어지지 않고 계속 이어지고 있습니다. 그 실타래를 다시금 풀어 보며 제가 받았던 은총을 되새길 수 있음에 감사할 뿐입니다. 이제는 기억 속에 남겨진 이들, 또 잊힌 이들을 위해 기도합니다.

허영엽 마티아 신부

## 차례

# 01 느끼다

**추천사** 우리에게 행복을 전해 주는 이야기꾼  5
**머리말** 기억할 수 있다는 은총  8

그때 그 꼬마 성인  17
연지, 안녕!  22
신부님, 손수건 한 장 주실래요?  27
하느님께서 보내 주신 천사  33
잊지 못할 축제 소동  37
누군가 나를 위해 기도하네  41
너에게 보내는 다정한 응원  46
한없이 투명한 풋사랑의 기억  53
운명적인 부르심  59
누군가의 세상을 열어 주는 일  65
그분의 등에서 예수님을 만났습니다  70
달콤 쌉싸름한 첫영성체의 추억  75
당신에게 사랑을 배웠습니다  81
잊지 않겠다는 약속  87

## 02 바라보다

| | |
|---|---|
| 진정한 어른의 조건 | 95 |
| 바보 웃음이 그리운 날이면 | 101 |
| 우리의 작은 별을 떠나보내며 | 107 |
| 그분의 눈물을 보았습니다 | 112 |
| 나의 눈부신 친구에게 | 117 |
| 누군가의 밥이 되어 주었던 사람 | 123 |
| 소외된 이들의 벗이 되고 싶었습니다 | 129 |
| 우리가 사랑의 손길을 내밀 때 | 135 |
| 어느 사제의 일기장 | 141 |
| 사람이 무엇이기에 이토록 | 149 |
| 내 낡은 서랍 속의 기억 | 155 |
| 만남과 이별, 그 쓸쓸하고도 찬란한 | 159 |
| 아직 띄우지 못한 편지 | 164 |
| 너른 바다 같았던 K신부님께 | 170 |

# 03 생각하다

| 선한 마음을 믿는다는 것 | 179 |
| 믿을 수 있다는 은총 | 184 |
| 사제의 길, 사제의 삶 | 188 |
| 홀로 가야 하는 그 길에 선 당신에게 | 193 |
| 숨어 있는 행복을 찾아서 | 197 |
| 세상에서 제일가는 부자 할머니 | 202 |
| 인간을 부르시는 하느님 | 208 |
| 늘 그 자리에서 함께하시는 분 | 212 |
| 믿음을 청하는 용기 | 216 |
| 내 슬픔을 등에 지고 가는 이 | 220 |
| 희망의 지평선을 바라보는 이들 | 223 |
| 우리를 자비로이 부르시니 | 226 |
| 믿음으로 새롭게 태어날 때 | 231 |
| 마음의 눈으로 세상을 바라본다면 | 237 |

# 01

느끼다

## 그때 그 꼬마 성인

고해성사 때에는 눈물과 웃음이 절묘하게 교차되곤 한다. 때로는 자신의 죄를 솔직하게 고백하는 이들의 순수한 마음이 위로를 선사해 주기도 한다. 내게는 고해성사하면 떠오르는 한 꼬마 성인이 있다. 다른 본당에 고해성사를 도와주러 갔을 때였다. 그곳은 성전을 신축 중이어서 임시 성전이 빌딩 안에 있었다. 그래서 교실에서 고해성사를 주게 되었는데, 자연스레 얼굴을 맞댄 면담 성사처럼 진행되었다. 2시간 이상 성사를 주다 보니 서서히 피로감이 몰려오기 시작했다. 그때 누군가 들어왔는데, 촛불만 켠 상태라 얼굴이 잘 보이지 않았다. 그런데 성사를 보러 온 사람이 도통 말이 없는 것이다. 옆을 바라보니 웬 어린아이가 앉아 있었다. 아이는 내게 넌지시 물었다.

"신부님, 고해성사 오래 주고 계시니 많이 피곤하시죠?"

"응?"

"재밌는 이야기만 오래 들어도 피곤해지는데 얼마나 힘드시겠어요?"

"그렇긴 한데……. 너는 몇 살이야? 초등학생이니?"

"네. 초등학교 6학년이에요."

"음……. 고해성사는 안 볼 거니?"

"전 어제 성사를 봤거든요. 그래서 오늘 안 봐도 돼요. 저 같은 애들이 하루 만에 무슨 죄를 짓겠어요."

아이는 짐짓 어른스럽게 말했다. 이렇게 말하는 아이는 정말 평생 처음 만났다. 나는 다시 물었다.

"으응, 그래. 그렇지. 그런데 왜 여긴 들어왔어?"

"신부님께 이걸 드리려고요."

그러고는 가방을 뒤적이더니 내게 피로 회복제 한 병을 내밀었다.

"부모님과 함께 사니?"

"오래전에 이혼하셨어요. 제가 어렸을 때 두 분이 집을 나가셨거든요. 그래서 할아버지와 함께 살아요."

"많이 힘들겠구나."

"누구나 다 힘들게 살잖아요. 신부님, 그런데 요즘 할아버지 건강이 안 좋아지셔서 걱정이에요. 제가 할아버지를 잘 모셔야 되는데 생각처럼 잘 안 되어서요."

"건강하게 지내고 공부도 열심히 해. 너는 착하니까 앞으로 무얼 하든 잘 할 거야. 나도 기도할게."

나는 일어서서 아이의 머리에 두 손을 얹고 안수를 했다. 아이가 나가고 난 뒤에 순간 울컥하는 감정이 밀려들었다. 순간 예전에 어디선가 읽었던 아우구스티노 성인과 한 소년의 일화가 떠올랐다.

아우구스티노 성인은 삼위일체론을 궁리하며 해변을 걷고 있었다. 그때 한 소년이 조개껍데기에 바닷물을 담아 모래 위에 구멍을 내고 그 안에 퍼 넣고 있는 게 보였다. 성인은 소년에게 다가가 무얼 하고 있느냐고 물었다.

"이 바닷물을 모조리 퍼 넣으려고요."

"어리석구나. 저 많은 바닷물을 어떻게 구멍 안에 다 넣겠다는 말이냐."

그러자 소년은 고개를 들고 성인을 바라보며 이렇게 대답했다.

"그 작은 머리로 삼위일체 하느님을 알려고 하는 아저씨도 마찬가지예요."

소년은 그 말을 마치고는 연기처럼 사라져 버렸다. 바다에는 흰 포말만이 부딪혀 부서지고 있었다. 성인은 그때 그 순간 삼위일체론을 머리가 아닌 마음으로 이해하게 되었다고 한다.

    나도 꼬마 성인과 만난 이후로 한 가지 소중한 깨달음을 얻었다. 한 사제에게 자신의 아픔과 죄를 고백하며 하느님께 용서를 청하는 분들의 마음이 소중하고도 감사했다. 그래서 고해성사 때마다 화살기도를 한다. 고해성사를 보는 이들이 마음속 깊이 하느님의 사랑을 느끼고, 그분의 자비하심을 느낄 수 있기를 청하며…….

# 연지, 안녕!

연지. 명동에 위치한 주교관에 오랫동안 살았던 견공犬公의 이름이다. 직위는 교구 방호견, 소속은 서울대교구 관리국이다. 관리국 소속으로 짐작하는 것은 연지가 예방 주사를 맞거나 치료를 받으면 항상 관리국에서 영수증 처리를 해 주었기 때문이다.

내가 연지를 처음 만난 것은 2005년 가을이다. 주교관에 입주하기 위해 이사를 하고 있었는데, 웬 강아지 한 마리가 멀리서 짐 나르는 모습을 한참 동안 바라보고 있었다. 이름을 몰라 입으로 소리를 내어 불러보았는데 눈길 한 번 주지 않았다. 여느 개와는 달리 눈빛에 카리스마가 있었고, 덩치는 크지만 느릿느릿한 움직임이 예사롭지 않았다. 뼈대 있는 진돗개 가문에서 태어난 게 아닐까 싶었다. 그 뒤로 강아지의 이름이 '연지'이고, 교구청에서는 꽤 유명한 녀석이라는 걸 알게 되었다.

연지에게는 몇 가지 놀라운 점이 있었는데, 그중 하나는 매일 명동 성당의 삼종 기도 종소리에 맞춰 "워! 워!" 하고 짖는 것이다. 두 앞발을 세우고 기도를 하듯 발을 비비며 짖곤 했는데 그 소리가 매우 특이했다. 또 명동 성당의 종소리가 들리면 어디에 있든 멈추어 서서 성당 쪽을 향해 짖었다. 연지는 교구청 사람들을 속속들이 잘 알고 있었다. 특히 신부님이나 수녀님들을 잘 알아보았다. 신부님들이 사복을 입었어도 마찬가지였는데, 신기하게도 다른 교구 신부님도 알아보고 짖지 않았다. 이 사실을 알았던 것은 내가 주교관으로 이사 온 다음날 즈음이었다. 밤늦게 숙소로 돌아오는데 어디선가 연지가 나타났다. 그러더니 짖지도 않고 얌전히 내 곁으로 다가와 숙소 정문에 도착할 때까지 호위를 하는 것이 아닌가. 내가 이곳에 온 지 하루 만에 식구라는 걸 알아본 것이다.

사실 나는 어릴 때에는 강아지를 무척 좋아했다. 그런데 초등학교 때 아끼던 삽살개가 기차에 치여 세상을 떠난 후로는 의식적으로 강아지를 보아도 멀리했다. 그럼에도 나 또한 어느새 똘똘한 연지를 좋아하게 되었다.

연지는 때때로 나를 비롯한 교구청 직원들에게 놀라움을 안겨 주었다. 성탄이 다가오면 교구청 마당에는 구유가 마련된다. 그러면 연지는 며칠 동안 구유 안에 들어가 있었다. 하지만 아기 예수님을 모신 후에는 절대 그 안에 들어가지 않았다.

사실 연지는 몇 번 새끼를 낳기도 했다. 애견 센터로 가거나, 신자에게 입양되기도 했지만 그 뒤로 더 이상

새끼를 낳지 못했다. 다시 교구청으로 돌아온 연지는 한동안 시름시름 앓기 시작했다. 잘 움직이지도 않고 밥도 먹지 않았다. 누군가 '개 우울증'이 아니냐고 했다. 그러다 겨울 즈음에는 몸이 아주 약해져 아예 누워서 지냈다. 사람들을 쳐다보지도 못하고, 잘 걷지도 못했다. 수의사는 연지를 진찰해 보더니 마지막 준비를 해야 한다고 말했다.

그러던 어느 날, 출근하다가 가톨릭 회관 앞에 누워 있는 연지를 보게 되었다. 나는 다가가 "연지." 하고 불러보았다. 그러자 연지는 간신히 나와 눈을 한번 맞추고 고개를 숙였다. 눈물도 많이 흘린 것 같았다. 나는 안타까운 마음에 머리를 몇 번 쓰다듬어 주었다. 그런데 이날이 연지와의 마지막 만남이 되었다. 연지는 그날 저녁 즈음에 혈압과 당 수치가 너무 많이 올라가 혼수상태에 빠졌고, 곧 세상을 떠났다.

연지는 오랜 시간 동안 주교관에 머무르며 교구청 직

원들과 신부님들의 사랑을 듬뿍 받았다. 또한 많은 기쁨과 묵상거리를 제공해 주기도 하였다. 모름지기 누군가에게 사랑받는 것은 자기 할 나름이라고도 한다. 흔히 사람들은 무언가를 개에 비유하곤 한다. 하지만 도리어 우리가 개에게 배울 점도 있다. 나는 연지와의 만남으로 이를 깨닫곤 했다. 연지는 몸집도 크고 체력도 강했지만, 온순하고 얌전해서 한 번도 사람을 문 적이 없다. 그리고 항상 먼저 꼬리를 흔들며 인사를 건넸다. 사람들과의 거리도 잘 지켜서 자기 자리가 어디인지 잘 알고 있었다.

살아 있는 동안 많은 이들에게 사랑에 관하여 가르쳐 주었던 연지는 나중에 용인에 있는 서울대교구 성직자 묘지 근처에 묻혔다. 죽은 뒤에도 신부님들 곁에서 함께하고 싶었던 걸까? 지금도 가끔 명동 성당의 종소리를 들을 때마다 연지가 떠오르곤 한다. 영원한 명동의 수호견으로 기억될 연지야, 안녕!

# 신부님,
# 손수건 한 장 주실래요?

　사제는 자신이 몸담았던 공동체를 짝사랑처럼 마음속에 담고 산다. 본당 신부들은 임기가 있어 일정 기간이 지나면 정든 성당을 떠나 새 임지로 가게 된다. 나 역시 첫 본당에서 임기를 마치고 떠날 때, 정든 신자들과의 이별이 무척 힘들었다. 그래서 새 임지에 가서도 한참 동안이나 이별 후유증에 시달렸다. 그 뒤로도 인사이동 때마다 이별의 아픔을 겪었다. 새 임지에서는 일부러 냉정하게 마음을 먹고 잔정도 주지 않으려고 했으나 결국 그러지 못했다. 마음이 내 뜻대로 움직여 주면 좋겠지만 어찌할 수가 없었다. 그래서 임지를 떠날 때면 의지와는 상관없이 눈물이 흐르고 가슴이 아파 온다.

한번은 지인의 장례 미사에 참석하기 위해 이전에 사목했던 성당에 갈 일이 있었다. 저 멀리 성당 종탑이 보이자 가슴이 뛰었다. 오매불망 그리워하던 전 임지를 향하는 마음이란 말로 표현하기 힘들다. 그러나 대개 몇 개월, 몇 년이 지난 뒤 전에 있던 임지를 방문하면 설레던 마음은 상처를 받게 된다. 내 머릿속에는 모든 것이 이별할 때 그 시간에서 멈추어 있기 때문이다.

추억하는 장소도 대개는 없어지거나 모습이 바뀌어 있고, 신자들도 모르는 얼굴이 많다. 사람도 건물도 모두 변해 낯설기만 하다. 그래서 돌아오는 길에는 무언가 소중한 것을 잃어버린 것처럼 슬프고 우울하기만 하다. 시간이 흐르면 모든 게 변하는 것이 당연한 일인데도 말이다. 그럼에도 살다가 힘이 들 때, 소중한 지난날의 추억을 떠올려보면 어느새 행복에 젖어든다. 그래서 사제는 신자들의 사랑과 기도를 먹고사는 존재라고 하는가 보다.

1989년부터 5년간 사목했던 구파발 성당을 떠날 때였다. 마지막 고별 미사가 있는 주일 내내 초등학교 4학년인 복사 한 명이 하루 종일 내 뒤만 졸졸 따라다녔다. 그 아이는 내가 구파발 성당에 처음 부임했을 때에 신자 대표로 꽃을 주었던 화동이었다. 그때는 유치원도 들어가지 않은 어린아이였는데 어느새 키도 훌쩍 크고 늠름해졌다. 그동안은 내게 눈길 한번 주지 않더니, 막상 떠난다고 하니 내심 섭섭했던 모양이다. 그래서인지 오후까지 성당 마당에서 신자들과 마지막 인사를 하고 있는 내 수단 자락을 잡고 놓지를 않았다. 엄마에게 끌려 늦은 점심을 먹으러 가더니, 저녁 무렵에 또다시 성당에 나타났다. 결국 밤이 되었는데도 집에 안 간다고 고집을 부리는 아이에게 야단을 쳤다.

"야, 이 녀석아! 이제 집에 가야지. 하루 종일 공부도 안 하고 성당에 와서 뭐 하는 거야?"

나는 짐짓 아이의 마음을 모른 척하며 야단을 쳤다.

"내일 가시면 다시는 신부님을 못 만나잖아요. 그래서……."

그러면서 눈물이 그렁그렁한 눈으로 나를 빤히 쳐다보았다. 금방이라도 눈물이 쏟아질 듯한 눈망울을 보자 하루 종일 참았던 감정이 치밀어 올라 갑자기 눈물이 주르륵 흘렀다. 그러나 아이에게 눈물을 보이지 않기 위해 돌아서면서 소리쳤다.

"그래도 이제는 집으로 가!"

사제관 문을 쾅 닫고 들어와서도 눈물이 멈추지 않았다. 눈앞에는 구파발 성당에서 보냈던 지난 5년간의 추억이 영화 필름처럼 돌아가고 있었다.

한참이 지나 사제관 초인종이 울렸다. 나가 보니 아이가 다시 와 있었다. 내가 뭐라 말하기도 전에 아이는 서둘러 말했다.

"신부님, 저 이제 집으로 갈게요. 그런데 한 가지 부탁이 있어요. 신부님이 쓰시던 손수건 한 장만 주세요. 그 손수건을 보면 신부님 생각이 날 테니까요……."

내 손수건을 들고 어둠 속으로 사라지는 아이의 모습이 시야에서 멀어진 후에도 나는 한참 동안이나 멍하니 서 있었다.

2008년 말 즈음에 구파발 성당 미사에 가게 되었다. 그때 내게 손수건을 달라고 했던 그 아이의 어머니를 만날 수 있었다. 내가 아들의 안부를 묻자 자매님의 눈시울이 갑자기 붉어졌다. 군 제대를 한 후 얼마 지나지 않아 자동차 사고를 당해 갑자기 세상을 떠났다는 것이다.

"프란치스코가 신부님을 참 좋아했어요. 신부님이 성당을 떠나시던 날 집에서 얼마나 슬퍼했는지 몰라요."

머릿속이 멍해졌다. 지금도 눈을 감으면 떠오른다. 구파발 성당에 처음 도착했을 때 꽃을 들고 내게로 아장 아장 걸어오던 프란치스코의 모습이…….

"프란치스코야! 난 네 어릴 적 모습만 생각난단다. 어른이 된 모습을 본 적이 없으니까. 난 항상 궁금했단다. 네가 어른이 되어서도 내 손수건을 간직하고 있는지 말이다. 이젠 부질없는 생각이 되었지. 그렇지만 네가 내 손수건을 가지고 기뻐하던 그 모습은 영원히 잊지 못할 거야. 편안히 잘 쉬렴……."

## 하느님께서
## 보내 주신 천사

 신학교에는 각 반마다 조금 독특한 학생이 한 명씩 있다. 그들의 특징은 기도를 아주 열심히 하고, 신학교 생활을 철저히 한다는 것이다. 공동체가 함께 저녁 기도를 바친 뒤에도 성당에 남아 한두 시간 정도 기도를 더 하고 숙소로 돌아가기도 한다. 전설처럼 내려오는 이야기에 따르면 중세 시대 수도자처럼 일 년 내내 단식을 했다거나, 신발에 작은 돌을 넣고 다니는 경우도 있었다고 한다. 이런 신학생을 '상투스Sanctus'라고 부른다. '상투스'는 라틴어 형용사로 '거룩하다'는 뜻이다. 우리는 상투스 신학생을 부러워하고 우러러보면서도, 한편으로는 조금 시기하는 마음을 담아 이렇게 부르곤 하였다.

우리 반에도 상투스가 있었는데, 그 친구는 매일 다른 사람과 함께 기도를 했다. 그래서 그런지 그와 마주치면 도망가는 친구들도 있었다. 그는 주로 십자가의 길을 바쳤는데, 나도 한번은 함께했다. 사실 십자가의 길은 빨리 끝내면 30분 정도 걸린다. 그런데 친구는 한 처 한 처를 지날 때마다 눈을 감고 오랜 시간 동안 묵상을 하는 게 아닌가. 긴 시간 동안 선 채로 기도를 바치자니 발에 쥐가 나는 것만 같았다. 실은 그 친구와 십자가의 길을 바치고 난 다음에 '기도하면서도 죄를 지을 수 있구나!'라는 생각에 바로 고해성사를 보았다. 그만큼 조금 힘에 부쳤던 모양이다.

어느 날, 그와 함께 산책을 하고 있을 때 그는 갑자기 내게 이런 질문을 했다.

"너는 하루에 몇 번이나 화살기도를 하니?"

나는 잠깐 멈칫하다가 대답했다.

"음……. 한 열 번?"

거짓말이었다. 실은 하루에 한 번도 안 하고 있었으니 말이다. 갑자기 자존심이 좀 상하기도 해서 약간 볼멘소리로 물어보았다.

"그럼 너는 몇 번이나 하는데?"

"응. 나는 하루에 천 번을 해."

나는 태연한 그 대답에 깜짝 놀랐다. 한편으로는 미친 게 아닐까 싶었다. 하루에 천 번을 기도하면 대체 언제 공부하고, 어떻게 생활하는 걸까?

"나는 화살기도를 천 번 하겠다고 다짐하고, 무언가를 할 때마다 잠깐씩 기도를 바치거든."

그 말을 듣는 순간 마치 종이 울리듯 머릿속이 멍해졌다. 누군가를 위해 늘 기도하고 있다는 친구가 존경스러웠다. 그 뒤로 나 역시도 그 친구처럼 일상에서 늘 화살기도를 바치고자 했다. 누군가를 만날 때에는 은총을 청하고, 텔레비전에서 안 좋은 사건을 보게 되면 용서를 구하며 기도하기도 한다. 싫어하는 누군가를 만날 때에도 마찬가지다. 실은 지금까지도 습관이 되지 않아서 그런지 자꾸 잊어버리게 된다. 그래도 다시 한번 마음을 다잡으며 내게 벼락같은 깨달음을 주었던 상투스 친구를 떠올린다.

이런 이들은 하느님께서 보내 주신 천사가 아닐까 싶다. 인간적으로 부족한 면이 있더라도, 하느님께 나아가고자 하는 마음을 품은 우리를 주님께로 이끌어 주니 말이다. 나 역시도 상투스 친구 덕분에 누군가를 위해 기도할 수 있다는 게 얼마나 아름다운 일인지 새삼 깨닫게 되었다. 오늘도 기도해 본다. 하느님께서 내게 보내 주신 천사였던 그 친구를 위해서.

# 잊지 못할
# 축제 소동

신학교 1학년 때였다. 봄에 열릴 학교 축제에서 1학년은 가장 행렬과 콩트를 준비해야 했기에, 축제 준비를 위해 1학년 전체가 모여 회의를 하게 되었다. 누군가 대본을 써야 하는데 서로 눈치만 보고 있었다. 그런데 누군가 갑자기 나를 지목하며 말했다.

"영엽아! 네가 써 봐. 너 학보사 기자잖아?"

"기자는 기사를 쓰는 거지! 대본을 어떻게 써?"

"자, 허영엽이 대본 쓰는 것에 찬성하는 사람은 박수!"

친구들은 내 말을 듣지도 않았다. 신학교에서는 누군가에게 무언가를 시킬 때에 재빨리 박수를 치면 끝이다. 나는 어쩔 수 없이 쉬는 시간마다 노트에 대본을 조금씩 쓰기 시작했다. 가장 행렬은 성경에 나오는 인물들을 중심으로 아담과 하와 같은 주요 인물들뿐만 아니라 동물들도 총출동시켰다.

문제는 콩트 대본이었다. 당시에는 청춘 남녀들이 얼굴을 가린 채 서로 다른 방에서 이야기를 나누다가 최종적으로 마음에 드는 상대를 선택하는 텔레비전 프로그램이 유행이었다. 우리는 그 프로를 따라서 콩트를 만들기로 했다.

나와 친구 한 명이 사회자를 맡았고, 두 명은 남녀로 분장했다. 대사는 당시의 웃음 코드에 맞추어 조금은 유치하지만 나름 재미있게 구성해 보았다. 대사가 정확히 기억나지는 않지만 중간에 웃음이 여러 번 터졌던 기억이 난다. 여자 역할을 맡은 친구는 열정이 넘친 나머지,

누나의 옷까지 빌려 와 그럴싸하게 분장을 했다. 껌을 짝짝 씹다가 손으로 당기기까지 했는데 머리카락에 엉켜 버리고 말았다. 장르가 시트콤으로 바뀌는 순간이었다. 관중들은 손뼉을 치며 웃음을 크게 터트렸다.

축제가 끝나고 며칠이 지났을 때였다. 1학년부터 3학년까지 대강당에 모여서 하는 수업이 있었는데, 학생처장 신부님이 축제 프로그램 평가를 하셨다. 드디어 우리가 했던 콩트에 대한 평을 듣는 순간이 다가왔다.

"살면서 그런 저질스러운 콩트는 처음 봤어요! 내용도 없고, 그냥 웃기는 데에만 신경을 쓰고 말이야. 신학생이라면 무언가 생각이 있어야 하는데……. 지금 생각해도 정말 창피스러워요!"

콩트에 출연했던 친구들과 나는 차마 얼굴을 들지 못했다. 다행히 신부님은 그 '저질스러운 콩트'의 주인공이 우리라는 걸 모르시는 듯했다. 순진하던 대학교 1학년 때이니 놀란 가슴을 진정시키지 못해 어쩔 줄 몰랐다. 그래도 축제를 준비하면서 친구들과 더욱 친해졌던 기억이 난다.

심오한 메시지는 없는 가벼운 콩트였지만, 지금 다시 준비한다 해도 별반 다르지 않을 것 같다. 재미도 있고, 내용도 고품격인 그런 작품이었다면 우리는 신부가 아니라 일류 작가나 배우가 되지 않았을까? 그 시절, 잊지 못할 콩트의 주인공이었던 친구들은 지금은 모두 점잖고 훌륭한 중년의 사제가 되었다.

## 누군가 나를 위해 기도하네

　어머니를 떠올리면 늘 성모상 앞에서 기도드리시던 모습이 생각난다. 어릴 때에도 자다가 밤중에 깨면 어머니가 작은 목소리로 묵주 기도를 바치시는 모습이 어렴풋이 보였다. 그러면 나는 그 기도 소리를 자장가 삼아 다시 편안하게 잠으로 빠져들곤 했다.
　신부가 된 후에도 가끔 월요일에 어머니를 찾아가 뵙곤 했다. 그때도 낮잠을 자다가 눈을 떠 보면 어머니는 예전 그 모습처럼 묵주 기도를 바치고 계셨다. 무슨 기도를 바치셨을까 새삼 궁금해진다. 아마도 자식들을 위해 기도하시지 않았을까. 언젠가 어머니께 장난스럽게 물어본 적이 있다.

"엄마, 늘 묵주 기도를 이렇게 열심히 바치시는데 기도 중에 성모님을 만나기도 해요?"

내 장난스러운 질문에 어머니는 빙그레 웃으시며 이렇게 답하셨다.

"어느 때는 묵주 기도 후에 성호를 긋고 나면 성모님이 나를 지그시 바라보고 계신단다."

세상을 떠나신 그날 아침에도 어머니는 세수를 하고 옷을 갈아입으신 뒤에 묵주 기도를 바치셨다. 그리고 잠시 자리에 누워 계시다가 영원히 잠드셨다. 어머니가 살던 집 맞은편에는 할머니 한 분이 살고 계셨는데, 그분은 우리 형제들에게 놀라운 이야기를 들려주셨다.

"어머님이 돌아가시기 전날 밤에 무슨 소리를 들었어요. 이상하게도 집 안에서 사람들이 웅성거리는 소리가 들리는 거예요. 성가 부르는 소리 같은 것도 크게 들리고요. 하도 이상해서 유심히 들어보았지요. 분명히 어떤 사람들이 성가를 부르는 거였어요."

처음에 이 이야기를 들었을 때는 할머님이 잘못 들은 거라고 생각했다. 어머니는 돌아가시는 날 분명히 혼자 계셨고, 찾아온 손님들도 없었기 때문이다. 그런데 갑자기 이런 생각이 들었다. '어머니가 성모님께 늘 열심히 기도를 바치셨으니 그 보답으로 성모님의 천사들이 마중을 나온 게 아니었을까?' 나는 이런 생각을 해 보며 위안을 받곤 했다.

생각해 보면 기도는 어머니로부터 배우는 것 같다. 나의 누이들도 나이가 들어가면서 점점 기도하시던 어머니의 모습을 닮아 간다. 어머니도 자신의 어머니, 그러니까 나의 외할머니를 보고 기도를 배우셨다. 외할머니는 꾸벅꾸벅 조시면서도 밤늦게까지 묵주 기도를 바치셨다. 그러다 가끔은 묵주를 쥐고 잠드시기도 하셨던 게 떠오른다. 할머니는 세상을 떠나시는 날에도 묵주 기도를 바치시다가, 고개를 수그린 채 한참을 가만히 계셨다고 한다. 옆에서 잠을 청하시던 외할아버지가 이 모습을 조용히 지켜보시곤 다른 가족들에게 담담하게 말씀하셨다.

"애들아, 네 어머니가 하늘로 떠나셨다."

이런 외할머니의 모습을 보고 자랐을 테니 어머니도 늘 기도가 몸에 배어 있었던 것이리라. 어머니는 일 년에 몇 번씩 친정에 방문하셨는데, 그런 날은 집안이 텅 빈 것만 같았다. 그래서 어머니가 없다는 걸 알면서도 학교에서 돌아와 평소처럼 괜히 "엄마!" 하고 불러 보았던 기억이 난다.

문득 어머니가 돌아가신 후에 불현듯 이 기억이 떠올랐다. 한 번쯤 그 집에 가 보고 싶은 마음도 있었지만 애써 누르곤 했다. 어머니의 체취가 남아 있는 본가에 가면 옛 추억이 떠올라 더 마음이 아플 것 같았기 때문이다. 대신 지금도 자식들을 위해 기도를 멈추지 않고 계실 어머니의 모습을 마음속으로 그려 보곤 한다. 언제나 내 편이 되어 주셨고, 힘이 되어 주신 나의 어머니. 어머니가 가르쳐 준 기도는 더없이 소중한 유산이 되었다.

# 너에게 보내는
# 다정한 응원

얼마 전 오래된 서류를 정리하다가 편지 한 장을 발견했다. 22년 전, 동생에게 썼던 편지였다. 왜 이 편지를 부치지 않았는지 정확히 기억나지는 않는다. 그때 동생은 동기들과 함께 부제품을 받지 못하고 6개월 뒤에 받았다. 그러면서 독일 유학 중이었던 내게 사정상 부제품이 보류되었다는 편지를 보냈었다. 지금 생각해 보면 동생이 혹시라도 상심할까 봐 노심초사하면서, 또 한편으로는 응원하는 마음을 담아 편지를 썼던 것 같다.

사랑하는 동생에게

이제 방학을 해서 집에 와 있겠구나. 성당에서 지내는지, 아니면 집에서 지내는지 궁금하구나. 가능하면 성당에서 지내는 게 좋겠다. 고학년이 되면 신부님 곁에서 배워야 할 것들이 많기 때문이지. 새 본당 신부님도 신학생들에게 잘해 주신다고 하니 마음이 놓인다.

너는 이제 곧 30일 피정을 할 텐데, 상당히 중요한 피정이라 생각한다. 아마도 네 일생에 다시 오기 힘든 시간이 될 거다. 30일 동안 기도, 묵상, 자기 성찰 그리고 사제직에 대한 확고한 신념이 생기도록 기도하렴. 네 동창 신부의 경우는 30일 피정을 통해 주님 안에서 사제직의 열정과 기쁨을 다시 회복했단다. 예수님에 대한 사랑이 샘솟고 열정이 넘치는 그 친구가 참 부러울 때가 많았단다.

이번 겨울에 시종직을 받고, 여름에 부제품을 받는

다고? 상세한 이유는 모르겠지만 많이 상심했을 것 같구나. 다른 친구들은 모두 부제품을 받을 텐데 말이다. 그러나 너무 마음 쓰지 말아라. 조금 늦게 부제품을 받는다고 기죽을 필요는 없다. 그리고 일단 서품 보류를 하게 되면 지도 신부님 입장에서는 너를 눈여겨보시겠지. 그러면 심리적 부담감을 느낄 수밖에 없을 거고. 그렇지만 너는 그저 최선을 다해 신학교 생활을 하면 된다. 진실한 마음은 언젠가는 통하는 법이잖니.

사제가 되면 때로는 더 어려운 일도 많단다. 사제는 공인이기 때문에 자기 생각, 자기 마음대로만 행동해서는 안 된다. 이것은 나 자신을 위해서가 아니라 신자들과 교회를 위해서지. 우린 평범하지 않은 길을 가고 있기 때문에 때론 비범해야 된다고 생각해. 네가 이다음에 사제가 되면 아주 좋은, 큰일을 많이 할 수 있을 거라 생각한다. 그래서 우린 때를 기다리는 거야. 어쩌면 지금은 어둠 속에 있다고 할 수 있다. 그러나 어둠은 빛을 희망할 수 있기에, 어둠 속에서 더 여유를 가질 수 있지. 용기와 희망을 버리지 마라.

하느님은 사랑이시기에, 널 사랑하시기에, 널 더 큰 사제로 만드시기 위해 그런 시련을 주신다고 생각해. 신부가 되면 더 큰 고통도 수없이 많을 거야. 그것을 연습하고 훈련하는 것이라 생각하렴. 사제이기 때문에 받는 시련과 고통이 있고, 때로는 몰이해와 비난 그리고 수없이 많은 좌절을 맛보아야 할지도 모른단다.

난 네가 이번 기회를 오히려 발전의 기회로 삼을 거라 믿고 있단다. 승리는 마지막에 주어지는 거니까. 왜 그런 거 있잖니. 야구나 축구에서 '역전 드라마'라고 하는 거…….

"사제로 사는 것보다 사제로 죽는 것이 더 힘들다는 것을 늘 기억하십시오."

기억하니? 내가 사제가 되어 드린 첫 미사에서 선배 신부님이 하신 말씀이란다. 그때는 별생각이 없었지만 시간이 흘러갈수록 그 말씀의 의미를 조금씩이나마 깨닫게 된다. 평생 한길만을 충실하게 간다는 것이 결코 쉬운 일은 아니지. 그래서 우리는 늘 기도해야 한단다.

난 요즘 이곳 날씨 때문에 아주 고전하고 있단다. 아주 기분 나쁜 날씨 있지? 전형적인 독일의 춥고 시린 날씨. 그래도 잘 견디고 있어. 하느님께서 내가 지금 이 자리에 있길 원하신다면 난 그렇게 할 뿐이지. 독일어 어학 과정은 4개월 반인데 우리 반이 분위기가 제일 좋아. 각국에서 온 아이들이 말은 통하지 않아도 마음이 통하는 것을 보면 사람은 모두 똑같은 것 같다. 어학 공부를 위해 무리해서 텔레비전을 한 대 샀어. 전자 제품 매장에 놓여 있는 '메이드 인 코리아'. 괜히 코끝이 찡하고 반갑더라고. 저 멀리 어머니의 나라, 한국에서 누군가가 만들었다고 생각하니 말이야.

얼마 전 독일 신부님들과 미사를 드리는데 기도 한마디가 내 마음을 감동시켰단다. 주례 신부님이 기도 중에

"나를 아시는 하느님……." 하시는데 갑자기 눈물이 쏟아지더구나. 다른 사람들은 다 몰라도 하느님은 아실 것이라는 게 큰 위로가 되더라. 얼마나 힘든지, 얼마나 외로운지 하느님은 다 아시잖아. 지금 힘들어하는 네 마음도 하느님은 잘 아신단다.

이제 곧 성탄인데 나는 그냥 여기 신학교에 머물면서 밀린 공부나 하려고 해. 오랜만에 맞는 아주 조용한 성탄이 되겠지. 바쁘게 사목하고 있을 서울에 있는 동창 신부들에겐 미안한 생각마저 들어. 그럼 또 연락할게. 그리고 잊지 말아라. 내가 기도할 때마다 널 항상 기억한다는 것을…….

1987년 12월

너를 사랑하는 작은형이

오래된 편지를 읽으며 잠시 상념에 잠겼다. 동생이

신학교에 입학했을 때 나는 4학년이었다. 그해 3월 초는 유난히 추웠다. 아침 미사를 마치면 전교생이 학년별로 식당에 들어왔다. 그때마다 나는 무리 속에서 동생을 찾곤 했다. 추위에 떨며 손을 비비는 동생을 보면서 항상 마음이 아팠던 기억이 난다. 그래서 사랑은 내리사랑이라 하는가 보다. 형과 함께 신학교 생활을 할 때에는 전혀 느낄 수 없었던 감정이었다. 아마 형이 나를 그렇게 생각했을 것이다. 이제는 훌륭한 사제로 열심히 살고 있는 동생 신부가 고맙고 자랑스럽다. 동생 신부가 첫 미사 강론 때 했던 말이 생각난다.

"하느님! 저는 도망가려고 많이 발버둥쳤습니다. 그러나 하느님, 저는 졌습니다. 하느님께 완전히 졌습니다."

# 한없이 투명한
# 풋사랑의 기억

 사춘기 시절에 짝사랑의 열병을 앓지 않은 이가 몇이나 될까? 짝사랑은 상대방이 알아차리지 못하는 경우가 대부분이다. 짝사랑하는 그 아이를 마주치면 가슴은 설레고 다리는 덜덜 떨린다. 그렇지만 부끄럽거나 용기가 부족해서 마음을 표현하지 못한다.

 시간이 흘러 그나마 기억나는 그들의 모습도 아련하기만 하다. 그때를 떠올리면 삶이 아름답게 느껴지기도 하고, 문득 외로워지기도 한다. 가끔씩 그때 내가 왜 그랬을까 싶다. 하지만 지난날에 대한 미련이 남아도 그때로 되돌아갈 수는 없는 일이다. 하지만 내가 기억하는 한 기억은 어떤 형태로든 존재한다. 첫사랑인 그 아이가 이 세상 어디엔가 살고 있을 거라고 생각하면 묘한 기분에 젖어 드는 것처럼 말이다.

나는 그때 짝사랑하던 친구를 저 멀리서 바라보기만 했었는데, 반면에 용기 있게 고백했던 친구들도 많았다. 얼마 전 옛날 노트 사이에서 갱지에 쓴 오래된 편지를 발견했다. 고등학교 1학년 때 받았던 편지였다.

〰〰

>   철없는 계집애의 소망인지 모르겠습니다.
>   무어라 이 맘을 다 표현할 수 있겠습니까?
>   밤하늘의 별을 동경하고, 향기로운 장미를 원하는 마음보다 더 큰 이 소망을……
>   결코 당신이 나를 안다고 생각지 않습니다.

당신은 내 마음의 귀한 사람입니다.

하얀 슬픔의 당신입니다.

매일 나는 어둡고 텁텁한 허공에 반항하고 있습니다.

버게는 당신이 필요합니다.

꼭 한 번만이라도 당신을 만나 봤으면 합니다.

내 지애至愛의 당신이여, 내 마음의 슬픈 당신이여.

슬픔이 넘치는 당신께…….


*오후 2시 장충단 공원 분수대 앞에서 파란 책을 들고 서 있겠습니다.


편지를 읽는 순간 웃음이 나왔다. 누런 갱지에 또박또박 쓴 이 편지를 내가 아직도 갖고 있다는 사실, 고등학생이면서도 '당신'을 운운하는 것, 공원 분수대 앞에서 파란 책을 들고 서 있겠다는 내용까지……. 그 모든 것이 미소를 머금게 했다. 한편으론 마음이 아팠다. 편지를 받았던 그 당시엔 못 느꼈던 감정이었다. 이 편지가 장난이 아니고 사실이었다면 나는 그 친구의 마음을 얼마나 아프게 한 것일까. 그때는 어린 마음에 괜스레 겁이 나서 약속 장소에 나가지 못했다. 그러면서도 과연 편지의 주인공이 늘 궁금했다. 몇 학년일까? 어떻게 생겼을까? 짐작 가는 친구가 있었지만 확증은 없었다. 나는 여전히 편지를 보낸 이가 누군지 모른다. 하지만 자신의 마음을 정성스럽게 써 보내 준 그 누군가가 30여 년이라는 세월이 흐른 뒤에도 여전히 궁금한 걸 보면 인간의 마음은 참 묘하다.

지금부터 한 20여 년 전쯤 구파발 성당에 있을 때 일이다. 어떤 초등학생이 책, 카세트테이프, 손수건, 액세서리 같은 작은 선물을 계속 가져왔다. 그 아이에게 누가 주는 거냐고 물어도 묵묵부답이었다. 한번은 꽃을 들고 와서는 손가락으로 저 멀리를 가리켰다. 거기엔 교복 입은 여학생이 서 있었다. 기껏해야 중학교 2학년 정도로 보였다. 선물을 가져다주었던 그 아이의 누나였던 것이다. 선물은 그 후에도 약 3년간이나 계속되었다. 다른 성당으로 임지를 옮길 때까지……. 그 아이는 항상 동생을 통해서 피로 회복제나 과일 등의 선물을 보내왔다. 하지만 한 번도 내 곁에 가까이 온 적은 없었다. 편지로 마음을 표현한 적도 없었다. 나 또한 별다른 생각 없이 선물을 받았을 뿐, 단 한 번도 이야기를 나눠 본 적이 없었다는 사실을 뒤늦게 깨달았다. 왜 그렇게 무심했을까. 정말 후회스러웠다. 나는 아직도 그 아이의 이름을 모른다. 알고 있었지만 잊었는지도 모른다. 가끔씩 저 멀리서 큰 눈망울로 날 지켜보던 남매의 모습이 정겹게 떠오른다.

내가 좋아하던 이들에게, 또 나를 좋아해 준 이들에게 어떤 표현도 못한 것이 못내 아쉽다. 이제라도 그들에게 알려 주고 싶다. 내가 얼마나 그리워하고 보고 싶어 하는지, 얼마나 후회하는지……. 다시 그때로 돌아간다면 용기 있게 말하고 싶다. 그렇게 하지 않으면 후회할 테니 말이다.

"부족한 나를 좋아해 줘서 정말 고맙습니다."

## 운명적인 부르심

초등학교 1학년 때, 담임 선생님이 수업 후에 반 학생 모두를 운동장에 모이게 하셨다. 토너먼트 식으로 달리기 시합이 진행되었는데, 내가 마지막 승자가 되었다. 우리 반 단거리 1등이 된 것이다. 그날 집에 돌아와 어머니에게 자랑하듯 말씀드렸더니 "유전이구나!"라고 하셨다. 부모님도 학생 때 종종 달리기 선수로 선발되었다고 하셨다. 나는 그 뒤로도 중학교 때까지 교내 체육 대회에 달리기 선수로 뽑히곤 했다. 친구들이 내 이름을 소리 높여 응원하면 신이 났고, 이기면 기분이 더 좋았다.

사건은 고등학교 1학년 때 일어났다. 교내 체육대회 100미터 달리기 2차 예선전에 나갔다가 갑자기 구토 증세를 일으키며 쓰러지고 만 것이다. 엑스레이를 찍어 보니 폐결핵 초기라고 했다. 약을 복용하고 세 달 뒤에 치료가 되었지만 그 뒤로는 뛰는 게 무서워졌다. 그때는 폐결핵 치료가 내 삶의 방향을 바꿀 수도 있다는 사실을 깨닫지 못했다.

내가 신학교에 지원했을 당시에는 입학시험과 면접을 치른 뒤에 지금의 가톨릭 회관 자리에 있던 성모병원에서 신체검사를 받아야 했다. 신체검사가 끝난 뒤에는 의사 선생님과 면담이 있었다. 검사장으로 가자 양쪽으로 의사 선생님 두 분이 앉아 있었다. 그런데 왼쪽 줄에 섰던 수험생들이 연달아 불합격 판정을 받았다. 누군가 소곤거리며 이야기하는 게 들렸다.

"어릴 때 폐결핵을 앓았는데 재발할 가능성이 있어서

일단 입학을 보류하는 거래."

"지금 아픈 것도 아니잖아?"

"신학교는 공동생활을 해서 안 된다고 하더라."

심장이 내려앉는 것만 같았다. 말이 입학 보류이지 신학교에 재입학될 가능성은 아주 낮았기 때문이다. 드디어 내 차례가 되었다. 의사 선생님은 내 엑스레이 사진을 들여다보고 있었다. 긴장된 마음을 애써 누르며 무슨 말이 나올까 긴장하고 있었다.

"예전에 결핵을 앓은 적이 있니?"

"네. 고등학교 1학년 때……."

"지금은 치료가 되었으니 공부하는 데에는 지장이 없을 거야. 신체검사 합격."

"감사합니다!"

'하느님 감사합니다!'라는 말이 입 밖으로 나올 뻔했다. 나중에 들은 이야기이지만 왼쪽 줄에 있던 의사 선생님은 신자여서 신학교가 공동생활을 한다는 걸 잘 알고 있었다. 반면에 나를 검진했던 선생님은 신자가 아니라 이런 사정은 몰랐던 것이다. 그래서 대학 공부를 하는 데에는 문제가 없다고 판단했던 듯하다. 왼쪽 줄에 섰으면 내 삶은 어떻게 달라졌을까.

그렇게 신학교에 입학하고 1학년 1학기까지는 정말 재밌게 지냈다. 그런데 2학기가 되자 방황이 시작됐다. 내가 과연 사제로서 사는 게 맞을지, 나의 성소가 다른 데 있는 건 아닐지 고민했다. 매일매일 똑같은 나날이 계속되는 신학교의 일상도 지루하고 재미가 없었다. 이렇게 마음이 흐트러지면 곧 학교를 나가게 될 것만 같았다. 그러던 10월 중순, 학장 신부님이 갑자기 호출을 하셨다.

"가을에 했던 건강 검진에서 이상이 있네. 병원에 가서 정밀 검사를 받아 봐."

정밀 검사 결과가 나오기까지는 대략 일주일 정도가 걸렸다. 막상 신학교를 그만두어야 한다고 생각하니 어떻게든 다시 붙잡고만 싶었다. 일주일 내내 기도만 하며 매달렸지만 결과는 폐결핵 재발이었다.

"10월 27일 오전 중에 집으로 가도록 해. 학교는 휴학 처리를 해 둘게."

지도 신부님이 말씀하셨다.

"예……."

힘없이 방으로 돌아와 여러 생각에 잠겼다. 학년에서 나 혼자 휴학을 하게 되면 치료가 잘 되더라도 1년을 유급해야 했다. 당시 서울대교구 신학생들은 유급이 되면 무조건 학교를 나가야 했기에 더욱 두려웠다. 남은 며칠 동안 정말 열심히 기도하며 주님께 모든 걸 맡겼다.

학교를 나가야 하는 날은 1979년 10월 27일이었다. 그런데 전날에 10·26 사건이 일어난 것이다. 나라가 큰 혼란에 빠졌고, 뒤이어 계엄령이 내려졌다. 모든 대학에는 휴교령이 내려져서 다른 친구들도 휴학 처리가 되었다. 나는 이게 무슨 일인가 싶었지만 일단 집으로 돌아가 치료를 받기로 했다. 그리고 치료에 전념하며 몸을 추슬렀다. 이듬해 개교를 했을 때에는 완치되어 건강하게 복학하는 기쁨을 누리게 되었다.

사람들이 가끔씩 어떻게 사제가 되었느냐고 묻곤 한다. 그러면 나는 곰곰이 생각하다 이렇게 답한다.

"잘 모르겠어요. 운명이겠지요, 뭐!"

## 누군가의 세상을
## 열어 주는 일

사제품을 받고 첫 임지로 부임한 곳은 수유동 성당이었다. 당시 수유동 성당 주임 신부님은 내 아버지 신부님이기도 하셨던 이계중 신부님이었다. 어느 날 신부님은 내게 취미 생활이 무엇이냐고 물으셨다.

"저는 책 읽는 거랑 글 쓰는 걸 좋아하고, 영화 보는 것도 좋아합니다. 별게 없네요."

"좋은 취미야. 신부는 혼자 할 수 있는 취미 생활을 가지는 게 좋다고 생각해."

그러시면서 취미 생활은 누군가와 같이 하면 좋지만 사제로 살다 보면 그렇지 못할 때도 있다고 하셨다. 신부님 말씀처럼 대개 취미 생활을 하는 데에는 돈도 들지만, 누군가와 같이 해야 하기 마련이다. 신부님은 그래서 혼자서도 즐길 수 있는 낚시를 취미로 삼으셨다고 했다.

"저도 낚시에 몇 번 따라가 봤는데 너무 심심하더라고요."

"하하! 그래서 자기 성격이랑 맞는 취미를 가져야 하는 거야."

신부님은 휴가 때면 며칠씩 바다낚시를 떠나시곤 했다. 나는 누군가 신부님과 함께 가서 말벗이 되어 주면 좋겠다고 생각했다. 그래서 본당 청년 중에 신부님을 모시고 함께 갈 친구가 없는지 알아보았다. 마침 근처 놀이공원에서 아르바이트를 하던 한 청년이 있었는데, 마침 일을 쉬고 있다고 하여 신부님을 모시고 바다낚시를 가기로 하였다. 며칠 뒤, 휴가에서 돌아오신 신부님은 나를 사제관으로 부르셨다.

"나랑 낚시 갔던 그 청년이 지금 일을 안 하고 있다지? 사정을 물어보니까 눈에 병이 있어서 잘 안 보인다는데 점점 더 심해지면 실명될 수 있다고 하네. 그런데 집 사정이 어려워서 그런지 수술할 생각도 못 하는 것 같더라고. 혹시 성모병원에서 수술을 할 수 있는지 허 신부가 좀 알아봐 주겠어? 수술비 절반은 내가 부담하도록 할게."

"네, 신부님. 알겠습니다."

대답은 했지만 실은 어떻게 하면 좋을지 막막했다. 우선 당시에 병원에서 근무하던 친척 누님 수녀님과 병원에서 근무하시는 신부님들께 연락을 드려 보았다. 하지만 여러 사정으로 성사되지 못했다. 고민 끝에 지푸라기라도 잡는 심정으로 당시 성모병원 의무기록실에 근무하는 한 자매님께 부탁을 드렸다. 당시 그 자매님은

20대 초반이었는데, 팀에서도 갓 막내티를 벗은 직원이었다. 그런 분에게 너무 큰 부탁을 드린 건 아닌가 싶어서 큰 기대를 하지는 않았다. 그런데 놀라운 일이 일어났다.

"제가 아는 안과 선생님에게 부탁드렸더니 방법을 찾아 주셨어요. 수술비 절반을 이계중 신부님께서 부담해 주시면 수술해 주시겠다고 하네요."

나는 바로 신부님께 이 기쁜 소식을 전했다. 그런데 더욱 놀라운 일이 생겼다.

"신부님, 기쁜 소식이 있어요! 성모병원 로터리 클럽에서 그 청년 이야기를 듣더니 나머지 수술비를 내 주겠다고 하셨어요. 이 신부님께 수술비를 내지 않으셔도 된다고 전해 주세요."

나는 한참이나 말을 잇지 못했다. 기적이 일어난 것만 같았기 때문이다. 어린 그 자매님이 얼마나 많은 사람을 만나 부탁을 했을까 싶어서 눈물이 핑 돌았다. 모르는 이를 위해 그토록 열심히 노력해 주었다는 것이 너무나도 고마웠다.

다행히 그 청년은 수술을 받고 시력을 되찾았다. 그 후로 취직에 성공하여 열심히 일했고, 운전면허도 취득해 은퇴하신 이계중 신부님을 직접 모시기도 했다. 그러다가 사제 성소의 꿈을 가지게 되었다는 이야기를 들었다. 그는 이계중 신부님의 도움으로 검정고시에 합격하여 마침내 신학교에 입학할 수 있었다. 늦은 나이에 수도회에 입회하여 사제가 된 모습을 보고 세상을 떠나신 신부님이 기뻐하셨던 것이 떠오른다.

다른 이에게 새로운 세상을 열어 준 사제, 그 사랑에 힘입어 성소에 눈을 뜨게 된 한 청년. 이제 그 청년은 사제로서 어려운 이들을 위해 봉사하는 삶을 살고 있다. 신부님이 자신이 받았던 사랑을 바탕으로 더욱 많은 이들의 영적인 눈을 밝혀 주길 기도한다.

## 그분의 등에서
## 예수님을 만났습니다

피정에 참가했을 때였다. 지도 신부님이 지금까지 살아오면서 가장 행복하고 평화로웠던 순간이 언제였는지 묵상하고, 그때를 생각하며 평화로움을 느껴 보라고 하셨다. 성체 앞에 앉아 묵상을 시작하자 어린 시절로 여행을 떠나는 기분이 들었다.

우리는 기억 안에서 다시금 삶을 마주하고, 시공을 초월하여 사랑하는 이들을 만난다. 살아오면서 행복하고 평화로웠던 순간마다 늘 아버지가 거기 계셨다. 아버지를 떠올리면 때로는 따뜻하고 정겹게, 때로는 가슴 아픈 그리움으로 다가온다. 아버지는 해맑은 웃음과 큰 눈으로 사람들의 마음을 사로잡으셨다. 대나무처럼 꼿꼿하셨고, 불같이 무서울 때도 있었다. 그러나 마음속에는 섬세한 사랑을 지니고 계신 분이셨다. 그래서 늘 소외되고 아픈 이들을 지나치지 못하셨다. 아버지의 장례식 날에는 얼굴도 모르는 이들이 와서 아버지에게 은혜를 입었다며 눈물을 쏟기도 하였다.

많은 이들이 그렇듯이 나 역시도 생명을 주신 아버지를 통해 하느님 아버지의 개념에 접근한다. 일곱 살 되던 해 어느 여름날이었던 것 같다. 어머니는 누나들과 할머니 댁에 가셨고, 집에는 아버지와 동생만 있었다. 나는 그날 아침부터 체기가 있었다. 오후부터 열이 오르기 시작하더니 끝내는 먹은 걸 모두 토하고 말았다. 너무 아파서 방바닥에 엎드린 채 끙끙 앓았다. 저녁 무렵이 되자 아버지는 나를 업고 시장으로 나가셨다. 그리고는 먹고 싶은 걸 고르라고 하셨다. 나는 아픈 와중에도 평소에 먹고 싶었던 과자, 과일, 통조림 등을 한 아름 골랐다. 그런데 집으로 돌아와 너무 피곤했던 나머지 입에 대지도 못하고 다시 잠이 들었다. 한참 후 잠에서 깨어 보니 머리맡에는 동생이 먹어 치운 빈 봉지들만 남아 있었다. 하지만 그날 아버지의 등에 업힌 채 느꼈던 따뜻한 체온은 내가 인생에서 맛보았던 어떤 평화보다도 더 감미롭고 포근했다. 묵상 내내 아버지의 따뜻한 사랑과 체온을 가슴으로 느낄 수 있었다.

또 하나의 아름다운 추억이 아지랑이처럼 떠올랐다. 초등학교 4학년 무렵 즈음, 아버지는 양평읍 근처에서 공장을 운영하고 계셨다. 동생과 나는 방학 때면 부모님이 계신 양평으로 내려가 지냈다. 아버지는 동생과 나를 자전거 뒤에 태워 닷새마다 장이 서는 양평읍으로 데려가곤 하셨다. 그때마다 중국집에서 볶음밥을 한 그릇씩 사 주셨다. 장 구경도 재미있었지만 볶음밥을 먹을 수 있어서 더 좋았다. 그래서 동생과 나는 장날을 달력에 큰 동그라미로 표시해 놓고 그날을 손꼽아 기다리곤 했다.

어느 날 어머니는 동생을 데리고 서울에 가시고, 양평에는 나와 아버지만 남게 되었다. 그런데 분명 장날이 다가왔는데 아버지는 하루 종일 일만 하셨다. 점심을 먹고도 아무런 말씀이 없으시자, 나는 눈치만 보며 마당에 애꿎은 나뭇잎만 한가득 뿌려 놓았다. 늦은 오후가 되자 아버지는 자전거를 꺼내시며 양평 장 구경을 가자고 하셨다. 내 평생에 그렇게 신나는 일이 또 있었을까?

자전거는 미루나무 숲길을 지나 강 옆을 쌩쌩 달렸다. 나는 아버지 뒤에 꼭 붙어서 혹시 장이 끝나지는 않았을까, 중국집이 문을 닫았으면 어쩌나 걱정했다. 아버지는 장에 도착하자마자 중국집에 들어가셨다. 볶음밥을 딱 한 그릇만 시키시더니, 내 앞에 그릇을 밀어 주시고 계속 신문만 보셨다. 나는 반찬까지 모조리 허겁지

겁 먹어 치웠다. 아버지가 계산을 하실 때에야 수중에 밥 한 그릇 값밖에 없다는 것을 알게 되었다. 하루 종일 고민하시다가 저녁 무렵이 되어서야 나를 장터로 데려오신 것이었다. 돌아오는 길에 나는 아버지의 허리를 꽉 붙잡고 등에 머리를 기댄 채 아무 말도 하지 않았다. 해는 이미 서쪽으로 기울어 하늘을 붉게 물들이고 있었다.

묵상 중에 아버지의 모습이 예수님과 겹쳐졌다. 아버지 등에 매달려 있다고 생각했는데, 어느새 예수님의 등에 기대고 있었다. 달리는 자전거 뒷자리에서 예수님의 허리를 꼭 붙잡고 있는 내 모습이 떠올랐다. 그러면서 아버지와 나 사이에 예수님께서 함께 계심을 느꼈다. 아버지의 사랑과 따스한 체온 속에 주님께서 계셨다.

# 달콤 쌉싸름한
# 첫영성체의 추억

어린 시절의 일이다. 어느 날 주일 학교에 갔더니 첫영성체 교리반이 열린다고 했다. 주일 학교 선생님께 나도 교리반에 들어갈 수 있냐고 물었다. 선생님은 가능하다고 얘기하시며 교리반 등록일은 수요일이니 그때 오라고 하셨다. 나는 수요일이 오길 손꼽아 기다렸다.

수요일이 되어 한껏 부푼 마음을 안고 신나게 성당으로 달려갔다. 성당 마당에서는 첫영성체 담당 선생님이 신청자 아이들의 이름을 적고 계셨다. 설레는 마음을 안고 내 차례가 오길 기다렸다.

"몇 학년이니?"

"초등학교 1학년이요!"

"뭐? 1학년은 안 돼! 2학년부터 첫영성체 반에 올 수 있어."

"우리 1학년 주일 학교 선생님이 괜찮다고 하셔서 온 거예요. 저 주모경도 다 외워요!"

하지만 선생님은 완강했고, 결국 그다음 해에 들어가게 되었다. 교리반 학생 중에서는 내가 제일 어렸다. 교리반에서는 주로 기도문을 외우는 걸 공부했는데, 가족들과 매일매일 저녁 기도를 바치고 있어서 어렵지 않았다. 교리 공부가 모두 끝난 뒤에는 신부님과 수녀님 앞에서 찰고까지 마쳤다. 사도 신경을 외워 보라고 했던 것이 어렴풋이 기억난다.

드디어 첫영성체 날이 다가왔다. 우리는 모두 멋진 옷을 차려 입고, 어깨에는 띠를 두른 채 초를 하나씩 들고 입장했다. 다른 친구들이 노래를 불러 주자 축제의 주인공이 된 것만 같았다. 나는 그러면서도 처음으로 영성체를 영하는 순간이 얼른 다가오길 기다렸다. 교리반 선생님은 성체는 절대로 씹으면 안 되고, 입 안에서 녹여야 한다고 누누이 강조하셨다. 나는 착한 학생답게 선생님 말씀대로 성체를 입 안에서 천천히 녹여서 영하기 시작했다. 그런데 성체는 내가 생각하던 천상의 맛이 아니라 밍밍한 밀가루 맛만 났다.

어쨌든 첫영성체식은 무사히 끝났다. 신부님과 선생님은 기념 묵주와 제과점에서 파는 크림빵까지 선물하셨다. 누나는 내게 다가와 축하한다고 하면서도 은근슬쩍 크림빵을 노리는 눈치였다. 순간 불안한 마음에 나도 모르게 품 안의 크림빵을 꼭 끌어안았다. 누나는 웃으며 학생 레지오를 하고 갈 테니 먼저 집에 가라고 했다. 나는 친구와 함께 걸어가며 크림빵을 먹을 생각에 잔뜩 들떠 있었다. 그런데 갑자기 신부님이 주신 묵주가 생각났다.

"어? 묵주가 없어졌어!"

호주머니를 다 뒤졌지만 묵주는 없었다. 성당으로 다시 돌아가 보았지만 끝내 찾지 못했다. 첫영성체 기념으로 받은 묵주를 잃어버리다니……. 아직 크림빵은 내 품에 있었지만, 묵주를 잃어버린 슬픔에 잠겨 터덜터덜 집으로 돌아왔다. 빵과 묵주 사이에서 빵을 택한 내 자신이 한심했다. 집에 도착해서도 선물받은 묵주를 잃어버렸다는 얘기는 차마 하질 못했다.

묵주를 찾느라 몹시 고단했던지 집에 오자마자 머리맡에 크림빵을 둔 채로 깜박 잠이 들고 말았다. 그런데 잠결에 무언가 소리가 나는 게 아닌가. 눈을 살짝 떴더니 동생이 어느새인가 조용히 들어와서 크림빵을 우격다짐으로 입 안에 밀어 넣고 있었다. 나는 화들짝 놀라 자리에서 일어섰다. 그러자 동생은 빵을 한 손에 든 채 재빠르게 방문을 넘었다. 마당에는 먼지만 폴폴 날리고 있었다. 두 손에는 아무것도 남아 있지 않았다. 나는 처음으로 인생의 쓴 맛을 보고 망연자실하여 멍하니 앉아 있었다. 두 손 가득 무언가를 넘치게 쥐고 있다가도, 한순간에 아무것도 남아 있지 않을 수 있다는 걸 그때 처음 알았다. 이솝 우화의 한 장면처럼 말이다.

어느덧 여름방학이 되어 소신학교에 다니던 형이 집에 왔다. 나는 형에게 묵주를 잃어버린 이야기를 들려주었다. 형은 나를 가만히 바라보며 이렇게 이야기했다.

"영엽아, 그건 네가 잘 몰라서 그래. 그 묵주가 원래 누구 거니?"

"내 묵주지."

"그렇지! 너 생각해 봐. 묵주를 주운 사람이 그걸로 열심히 기도할 거 아니야? 그러니까 결국에는 네가 기도하는 것과 같은 거야. 너는 가만히 있어도 기도를 하게 되는 거니까 얼마나 좋니? 손해 볼 게 하나도 없어."

"아……. 그런 거네? 괜히 걱정했네!"

생각해 보면 조금은 이상한 논리지만, 나는 그 뒤로 묵주를 잃어버렸다는 죄책감에서 말끔히 벗어났다. 형은 슬퍼하는 나를 위로해 주기 위해 그런 이야기를 지어낸 게 아닐까 싶다.

달콤 쌉싸름한 첫영성체의 추억을 떠올릴 때마다 가슴 한 편이 따뜻해진다. 지나간 아련한 옛 추억, 첫영성체 때의 설렘, 슬퍼하는 나를 위해 하얀 거짓말을 해 주었던 형의 사랑 때문일 것이다.

# 당신에게
# 사랑을 배웠습니다

 명동 성당에서 은경축 미사를 드렸을 때였다. 미사가 끝나고 손님들과 사진을 찍고 있는데 한 신사 분이 내 옆에 서셨다.

 "신부님, 저 잘 모르시겠지요?"

 그분의 성함과 목소리를 듣자마자 스쳐 지나가는 얼굴이 있었다. 바로 중학교 때 담임 선생님이셨다. 35년 만의 만남이었다. 그런데 선생님은 내가 기억하고 있던 옛 모습이 아니셨다. 거리에서 만난다면 그냥 지나칠 수도 있을 것만 같았다. 순간 목이 메어 왔다.

"선생님! 어떻게 이렇게 오셨어요? 정말 감사합니다……. 그리고 죄송합니다."

"신부님, 정말 축하해요."

손님들이 기다리고 있자 선생님은 인사만 건네시고 급히 떠나셨다. 그날 행사가 끝난 뒤, 숙소로 돌아와 먼지가 자욱한 상자 안에서 중학교 졸업 앨범을 찾았다. 빛바랜 흑백 사진 속에 담긴 친구들의 모습과 청년이었던 선생님의 얼굴도 볼 수 있었다. 한참이나 앨범을 넘기며 추억에 젖어 들어가고 있었다. 나는 선생님께서 방명록에 남겨 주신 글과 명함을 찾아 이메일을 보냈다.

선생님, 안녕하십니까? 제 은경축 미사에 와 주셔서 정말 감사하고 죄송합니다. 선생님께서 저를 찾아와 주시다니 꿈에도 생각하지 못했습니다. 그래서 메일로나마 글을 올립니다. 직접 찾아뵈어야 하는데 용서해 주십시오.

벌써 35년이라는 세월이 흘렀습니다. 당시에 같은 반 친구들이 한 70여 명 정도 되었던 것 같습니다. 그중에서 수줍음 많고 평범한 학생일 뿐이던 저를 기억해 주시다니요. 선생님께서는 중학교 3학년 때 저희 반 담임 선생님이시자, 국어 선생님이기도 하셨지요. 선생님과 함께했던 국어 시간이 얼마나 재미있었는지 모릅니다. 그래서 저도 한때는 선생님이 되고 싶었습니다. 그 당시에 작문도 잘 가르쳐 주셔서 요즘 제가 일하고 있는 데에도 큰 밑거름이 되었습니다. 그때 읽었던 황순원의 《소나기》가 아직도 잊히지 않습니다. 제가 수업 시간에 그 소설을 읽었는데, 선생님께서 잘 읽었다며 칭찬을 해 주셨지요. 그때 얼마나 기뻤던지 지금도 그 기억이 생생합니다.

저를 찾아 주셔서 다시 한번 감사드립니다. 또 연락드리겠습니다. 건강하세요.

— 제자 허영엽 올림

얼마 후, 선생님으로부터 답장이 왔다.

> 허영엽 마티아 신부님! 은경축을 다시 한번 축하드립니다. 신부님의 얼굴을 늘 신문으로만 보다가 실제로 만나볼 수 있다는 기쁨이 넘쳤어요. 그렇다 보니 지난 추억이 많이 떠올랐지요. 은경축을 맞은 허영엽 신부님이 중학교 시절 내 제자라고 주변에 으스대기도 했답니다.
> 저는 ○○ 중학교에 8년간 근무하다가, 1978년도에 ○○ 고등학교에 부임하였어요. 이 학교에서 2001년까지는 교감으로, 2005년 9월부터는 교장으로 있습니다. 모쪼록 건강하세요.

그 후에 선생님이 근무하신다는 학교에 연락을 해 보았지만 정년퇴임을 하셨다는 이야기를 들었다. 그러다 의정부교구의 한 성당에 사순 특강을 하러 갔다가 우연히 다시 뵙게 되었다. 선생님은 특강 때에도 맨 앞자리에 꼿꼿하게 앉아 내 강의를 열심히 듣고 계셨다. 국어 수업을 초롱초롱한 눈빛으로 듣던 중학교 시절의 내 모습이 떠올랐다. 제자의 강의를 흐뭇하게 듣고 계시는 선생님의 모습에서 세월의 흐름이 느껴졌다.

특강을 마치고 성당을 떠나려 할 때, 백미러로 보니 선생님은 내 차가 멀어질 때까지 손을 흔들고 계셨다. 그 모습을 보자 마음이 무척 아려 왔다. 사람의 인연, 만남과 이별, 그리고 인생이란 무엇일까. 나는 숙소로 돌아오는 길에 이런 것들을 곰곰이 생각해 보았다.

선생님과는 그 뒤로도 문자를 주고받으며 안부를 전하고 있다. 부활이나 성탄 때에는 예쁜 카드와 함께 쿠키도 선물로 보내 드리곤 한다. 선생님은 사모님께서도 내가 당신 제자라는 사실을 아주 자랑스러워하신다며 답장을 보내시곤 했다.

당시에 선생님은 대학교를 갓 졸업한 초임 교사셨다. 풋풋한 청년이셨지만 우리에게는 정말 큰 어른처럼 느껴졌다. 그렇지만 다가가기 어려운 분이었던 건 아니다. 학생들을 친구처럼 대해 주셨기에 인기가 좋으셨기 때문이다. 쉬는 시간이면 우리와 축구를 함께하셨고, 국어 시간에는 좋은 시를 읽어 주시기도 했다. 그런 모습 안에는 학생들을 진심으로 사랑하는 마음이 있었다.

선생님은 그날 특강이 끝난 후 성당에서 헤어질 무렵에 이런 이야기를 하셨다.

"제자들이 훌륭하게 잘 크는 게 저의 가장 큰 축복이고 행복입니다. 교사로 살아온 세월이 헛되지 않은 것처럼 느껴지거든요."

선생님의 그 사랑은 여전히 내 마음속에 아로새겨져 있다. 지금도 기억은 그때로 날갯짓을 하며 달려가는 것만 같다.

"선생님, 잘 가르쳐 주셔서 감사합니다!"

# 잊지 않겠다는 약속

"구텐 탁? 마티아스!(Guten Tag? Mattias!)"

헬무트 베버 신부님을 처음 만난 것은 1987년 8월 초순, 독일 트리어 신학교 마당에서였다. 독일에 도착해서 한 주 정도 지났을 때였다. 50대 후반 정도로 보이는 신사 분이 웃음을 머금고 내게 다가왔다. 그분이 바로 베버 신부님이셨다. 신부님은 영화배우처럼 수려한 외모를 지니고 있었다. 검은 양복과 흰색 와이셔츠, 그리고 흑갈색 머리카락이 여름 햇빛에 빛나고 있었다. 그분은 당신 지도로 논문을 쓰게 될 한국인 신부가 나라는 걸 이미 알고 계셨다. 그 다정한 미소는 외국 땅에서의 긴장감을 풀어 주었다.

당시 베버 신부님은 트리어 대학 윤리신학 주임 교수이면서 트리어 주교좌 본당 주임이셨다. 신부님은 나에게 아주 천천히 무언가를 말씀하시려고 애쓰셨다. 그러나 나는 그 말을 알아들을 수가 없어 그냥 웃기만 했다. 어떤 단어 하나를 계속해서 여러 번 말씀하셨으나 내가 도무지 알아듣지 못한다는 것을 눈치채셨고, 내 손바닥에 그 단어를 써 주셨다. 방에 돌아와 사전을 찾아보니 'Geduld(인내)'라는 단어였다. 신부님은 내가 외국 생활을 하면서 그 단어를 마음에 새겨 두길 바라셨던 것이다. 그분의 친절이 무척 고마웠다.

신부님은 주변 사람들에게 늘 다정하셨고, 사랑을 주려고 애쓰셨다. 내 독일어 실력이 형편없어 죄송하다고 말할 때마다 나를 다독여 주시며 이렇게 이야기하셨다.

"마티아, 아주 잘하고 있는 거야. 내가 만일 그 시간 동안 한국어를 배웠다면 더 형편없었을걸?"

신부님은 몇 달이 지나자 나를 직접 연구실로 불러 한 시간씩 수업 내용을 미리 설명해 주시기도 했다. 그렇게 꼬박 1년 이상 개인 지도를 해 주셨다. 독일에서는 학생이 주임 교수를 만나려면 비서와 약속을 잡아야 하는 것이 관례였다. 하지만 신부님은 나에게 언제든 당신을 찾아오라고 허락해 주셨다. 게다가 내가 공부에 게으름을 피우는 것 같으면 꼭 전화나 메시지를 남겨 부르시기도 했다. 돌이켜 보면 나는 외국 생활이 힘들다고 응석만 부린 것 같다.

언젠가는 내게 시편 한 구절을 읽어 주기도 하셨다. "인생은 기껏해야 칠십 년, 근력이 좋아야 팔십 년, 그나마 거의가 고생과 슬픔에 젖은 것, 날아가듯 덧없이 사라지고 맙니다."《공동번역성서》, 시편 90,10) 이처럼 인생은 덧없는 것이니 너무 심각하게 생각하지 말고 잘 견디라고 용기를 북돋아 주시곤 했다. 이런 모습을 보면서 '아! 사제란 이런 사람이구나. 이분이 바로 인격자구나!'라는 생각을 하곤 했다. 그런 분을 만난 것은 내 인생의 큰 행운이었다.

지금도 눈을 감으면 떠오른다. 신부님의 숙소로 가는 좁은 골목길, 그분의 따뜻한 미소, 저 멀리서도 "마티아!" 하고 손을 흔들어 주시던 모습, 부드러운 갈색 눈동자, 쓰레기를 손수 버리시던 모습, 잘 어울리는 흰색 와이셔츠…….

몇 년 전 신부님과 전화 통화를 한 적이 있다. 더듬거리며 독일어를 많이 잊어버렸다고 했더니 크게 웃으며 말씀하셨다.

"마티아, 괜찮아. 잊어버리는 게 너무 당연해. 독일도, 독일어도, 트리어도 다 잊어버려도 돼. 그렇지만 베버는 절대 잊으면 안 돼."

"그럼요."

하지만 그때나 지금이나 내가 신부님께 정말로 드리

고 싶은 말씀은 이것이었다.

"제가 어떻게 신부님을 잊을 수 있겠어요. 신부님을 하루도 잊은 적이 없습니다."

그분의 음성이 늘 마음속에 메아리친다. "마티아! 무엇보다 사제이기 전에 한 인간, 마음이 따뜻한 인간으로 사는 게 중요해."

인생은 늘 만남과 이별로 채워진다. 지금은 이름도 아련한 이들과의 만남 그리고 이별……. 아프고 고통스러운 기억도 모두 더없이 값지고 소중하다. 그 모든 게 나의 일부이기 때문이다. 그 추억들은 지금 우리가 살아가는 시간과 공간, 그리고 그 안에서 이루어지는 만남이 얼마나 소중한지를 알려 준다. 어느 시인은 인간에게 있어 가장 비참한 것은 기억 속에서 잊히는 거라고 말했다. 그러니 죽는 순간까지도 잊을 수 없는 사람으로 누군가의 기억 속에 남아 있다면 진정 행복한 사람이 아닐까.

# 02

바라보다

# 진정한 어른의 조건

　은어 중에 '꼰대'라는 단어가 있다. 이 '꼰대'라는 단어는 청소년들이 나이 든 어른이나 선생님 혹은 아버지를 속되게 부를 때 쓰던 은어였지만, 근래에는 구태의연한 사고방식을 타인에게 강요하는 나이 많은 사람을 가리키는 말로 변형되었다고 한다. 최근에도 '젊은 꼰대'라는 말이 자주 사용되는 것 같다. 내가 학생 때에도 친구들끼리 별로 마음에 안 드는 선생님이나, 앞뒤가 꽉 막힌 아버지를 얘기할 때 장난스럽게 '우리 꼰대'라고 부르기도 했다. 이 단어를 들을 때마다 진정한 어른의 조건은 무엇일까 생각해 보게 된다. 그리고 내 삶에서 그동안 만났던 몇몇 어른들을 떠올린다.

제일 먼저 떠오른 분은 돌아가신 이계중 신부님이었다. 신부님은 나를 신학교에 추천해 주신 아버지 신부님이기도 했다. 신부님은 화를 내야 할 때는 엄하게 꾸짖으셨지만, 그만큼 사랑이 많은 분이기도 했다. 또한 약할 때나 강할 때나 스스로를 속이지 않으셨다. 그래서 그런지 교구의 본당에 문제가 생길 때마다 자주 파견되시곤 했다. 큰불을 거침없이 진압하는 소방관처럼 말이다.

신부님이 그런 본당에 가실 때마다 특별한 사목을 하신 것은 아니다. 그저 본인에게 주어진 미사, 강론, 고해성사 등 사제로서 해야 하는 성무를 충실하게 하셨다. 특히 강론 때에는 항상 원고를 정성스럽게 준비하여 그날의 강론을 하셨다. 또 철저히 약속을 지키셨다.

주임 신부와 보좌 신부가 돌아가며 1시간 동안 고해성사를 주기로 했다면 정확히 약속된 시간에 나타나신다. 그리고 고해성사를 보는 사람이 없더라도 묵묵히 자리를 지키신다.

신부님은 연세는 많으셨지만 열린 사고를 가지고 계셨다. 언젠가는 이런 일이 있었다. 사실 나는 잠이 많은 편이다. 그래서 신학교 시절부터 아침마다 친구들이 대신 잠에서 깨워 주기도 하였다. 방학이 되어 본당으로 돌아갔을 때였는데, 당시 주임 신부님이셨던 이계중 신부님께 이런 고민을 어렵게 말씀드린 적이 있다.

"신부님, 저는 신학교 생활이 잘 안 맞는 것 같습니다."

"아니, 왜?"

"제가 잠이 너무 많아서요."

그러자 신부님은 껄껄 웃으시며 이렇게 대답하셨다.

"허 신학생, 오히려 잠을 못 자면 신학교 생활이 어려워! 한번 생각해 봐. 밤 11시에 취침인데 잠이 안 오면 밤에 온갖 생각과 걱정이 들겠지? 그러다 보면 다음 날은 잠을 못 잤으니 머리가 혼미해서 공부도 힘들지 않겠어? 그러니 오히려 잠이 많은 게 좋다고 생각해."

한 번도 생각해 보지 못한 새로운 발상이었다. 신부님은 이런 방식으로 세상을 바라보는 눈을 새롭게 뜨게 해 주셨다.

반포 성당에서 보좌 신부로 있을 때 주임 신부님이셨던 나상조 신부님에 관한 기억도 떠오른다. 신부님은 겉으로 보기에는 깐깐하신 것 같아도 속정이 깊으셨다.

한번은 미사 때 긴 복음을 봉독하시다가 눈이 침침하셔서 봉독하시던 부분을 놓치고 마셨다. 말을 더듬으시면서 놓친 부분을 찾느라 분주하신 그 모습이 우스웠는지 몇몇 자매가 웃음을 터트렸다. 그러자 신부님은 안경 너머로 "너희들도 나이 먹어 봐! 이게 웃기냐?" 하고 큰 소리로 외치셨다. 모두가 박장대소를 했다. 신부님은 아무렇지 않게 강론을 이어 가셨고, 미사를 무사히 마치셨다. 미사가 끝나고 웃음을 터트렸던 자매들이 신부님께 다가와 "신부님, 아까 웃어서 죄송했어요."라고 말했다. 신부님은 그분들을 딸이나 손녀를 보듯 인자한 미소를 띤 채 호탕하게 말씀하셨다.

"내가 지금 생각해도 웃기는데, 뭐! 사람이 웃음이 나는데 웃어야지."

이 두 분은 늘 생각이 젊고 참신하셨다. 그리고 삶을 바라보는 태도에 넉넉함이 있으셨다. 이런 여유와 자유로움은 배우거나 흉내를 내어 도달하는 게 아니라는 생각이 든다. 예수님께서도 율법에 얽매이지 않고, 자신의 손길이 필요한 곳이라면 어디든 자유롭게 다니시며 사랑을 전해 주셨다.

아마 두 신부님도 예수님만을 바라보며 강한 믿음으로 무장하셨기에 이런 자유로움이 몸에 배이셨던 게 아닐까. 이런 분들과 함께 지내며 나 역시도 좋은 영향을 받았던 것 같다. 살면서 받은 가장 큰 은총이라고 생각한다. 자유롭던 그 어른들이 문득 그리워지는 날이다.

# 바보 웃음이
# 그리운 날이면




 김수환 추기경님이 서울대교구장에서 물러나신 후 혜화동 주교관에 머무시던 때의 일이다. 나는 한 방송사에서 의뢰한 인터뷰 요청을 논의하기 위해 혜화동을 찾았다. 그런데 질문들이 자칫 정치적인 문제를 야기할 수 있었다.

 "허 신부, 만약 자네 같으면 어떻게 하겠나?"

 그때 추기경님은 이렇게 물으시곤 내 이야기를 한참 동안 말없이 경청하셨다. 그런 뒤에 당신의 의견을 말씀하셨다. 놀라울 정도로 솔직하게 대화를 나눠 주시고,

내 의견을 최대한 존중하려고 노력하신다는 게 느껴졌다. 그런 모습이 무척 감동적으로 다가왔다.

내가 추기경님을 처음 뵌 것은 신학교 4학년 때였다. 당시 형 신부님이 추기경님의 비서 신부로 일하고 있었다. 어느 주일 오후에 형의 숙소에서 이야기를 나누고 있는데 누가 방문을 두드렸다. 문밖에는 추기경님이 서 계셨다. 형이 나를 소개하자 추기경님은 다정하게 내 손을 잡아 주셨다. 그러고는 형님에게 이렇게 말씀하셨다.

"허 신부! 천 원짜리 몇 장 있나? 택시를 타야 하는데 차비가 없어서……."

잠시 후 추기경님은 형이 드린 천 원짜리 몇 장을 주머니에 넣고 외출을 하셨다. 참 소탈하신 분이라고 생각했다. 지금도 그 모습이 생생하다. 그리고 세월이 흘러 나는 추기경님의 선종 소식을 처음으로 언론에 알리게 되었다.

"우리가 사랑하고 존경하는 김수환 추기경께서 2009년 2월 16일 오후 6시 12분, 우리 곁을 떠나 하느님 품 안에서 선종하셨습니다……."

그날 밤, 나는 추기경님께서 예전에 보내 주셨던 편지를 찾아보았다. 제일 먼저 발견한 것은 지난 2002년에 어머니가 돌아가셨을 때 보내 주신 친필 편지였다. 몸이 많이 불편해 장례 미사에 참석하지 못했다며 미안하다는 말씀을 적어 주셨다.

친애하는 허근, 영엽, 영민 형제 신부님들께

사랑하는 어머니의 별세 소식에 진심으로 애도의 뜻을 표하며 한마음으로 하느님께서 어머니 양 세실리아 님에게 영원한 안식을 주시고 형제 신부님들과 유가족들에게는 위로의 은총을 주시기를 빕니다.

2002. 5.

김수환

나는 이 편지를 다시 읽으며 추기경님의 따뜻한 마음을 다시 한번 느낄 수 있었다.

보좌 신부 시절, 유학을 떠나고 귀국하는 과정에서 추기경님과 독대할 기회가 몇 번 있었다. 그때마다 추기경님은 마치 영성 지도 신부님처럼 영적 말씀을 많이 해 주셨다. 때로는 유학 중인 내게 개인적인 느낌을 아주 솔직하게 적어 보내 주시기도 했다. 나는 동생 신부의 사제 서품을 앞두고 귀국 허락을 청하는 편지를 보내 드린 적이 있었다. 추기경님은 이렇게 답장을 주셨다.

〰️

> 친애하는 허 신부, 보내 준 편지 잘 받았네…….
>
> 자네가 건강하게 잘 지내고 있다니 안심이 되네. 동생에 대한 형의 사랑을 솔직하게 말해 준 것에 감동을 받았네. 그리고 나에 대한 내 형님의 사랑도 그런 면이 있었겠구나 하는 생각이 들었네.

내년 서품식 때 서울에서 보게 되기를 바라네. 주변 분들에게도 두루 문안 전해 주게나.

1988.

김수환

　내게 있는 추기경님의 편지들은 모두 마지막에 직함 없이 그냥 '김수환'으로 끝난다. 격의 없고 소탈하신 그분의 모습을 보여 주는 것 같아 기분이 상쾌해진다.

　추기경님 선종 후 닷새 동안 교회의 역사적 현장 한가운데서 많은 은총을 체험했다. 장례 기간 중 홍보를 담당하면서 마르코 복음서의 말씀이 떠올랐다. "무슨 말을 할까 미리 걱정하지 마라. 그저 그때에 너희에게 일러 주시는 대로 말하여라. 사실 말하는 이는 너희가 아니라 성령이시다."(마르 13,11)

　장례가 끝난 후, 한 라디오 인터뷰에서 장례 기간 동안의 소감을 물었다. 나는 짤막하게 대답했다. 기적이라 생각한다고. 달리 무어라 말할 수가 없었다.

지금이라도 추기경님을 찾아 뵈면 "바쁜데 뭐 하러 왔어."라고 하실 것 같다. 늘 다정하시고 작은 농담에도 크게 웃어 주시던 추기경님. 그분의 바보 웃음이, 잔잔한 그 미소가 그립다.

## 우리의 작은 별을 떠나보내며

2021년 2월 22일, 오전 1시 반 무렵 즈음에 정 추기경님이 위독하시다는 연락을 받았다. 다른 신부님들과 함께 황급히 병원으로 달려갔다. 병실로 들어가자 힘겹게 눈을 뜨고 계신 추기경님의 모습이 보였다. 그 손을 꼭 잡아 드리자 나지막하게 말씀하셨다.

"미안해."

주치의는 추기경님이 고통이 심하실 텐데도 너무나 잘 참고 계시다고 말하며, 전혀 내색을 안 하시니 마음이 아프다고 말했다.

추기경님은 마지막까지 자신을 찾아온 이들에게 여러 말씀을 남기셨다. 코로나로 고통받는 이들을 위해 기도하셨고, 힘들고 어려울 때일수록 더욱더 하느님께 다가가야 한다고 말씀하셨다. 마지막으로 자신의 부족함으로 상처받은 이들에게 용서를 청하셨다. 염수정 추기경님이 병자성사와 교황님의 전대사를 주시며 말씀하셨다.

"추기경님, 모든 걸 하느님께 의탁하세요."

정 추기경님은 기도 끝에 "아멘."이라고 응답하셨다. 두 눈에는 눈물이 맺혀 있었다. 마음을 굳게 먹었지만 그분과의 이별이 다가왔다는 사실이 믿기지 않았다. 평소에 추기경님이 늘 하셨던 이야기가 떠올랐다.

"인생은 각자 자신의 역할을 가지고 무대에 올라 공연을 하는 거야. 공연을 마치고 역할이 끝나면 무대 뒤로 사라지는 거지."

"젊은 시절에 세 번의 죽음을 가까스로 모면했던 체험이 나를 완전히 변화시켰어. 하느님은 왜 나를 살려주셨을까? 어쩌면 나는 인생을 덤으로 사는 거지."

그래서일까. 추기경님은 죽음을 대하는 자세가 조금 특별하셨다. 《추기경 정진석》이 출간된 후에 "다른 사람이 쓴 회고록을 읽는 느낌이 어떠세요?" 하고 여쭤본 적이 있다. 그러자 담담하게 대답하셨다.

"마치 내 무덤 앞에 모인 사람들이 나에 대해 이야기하는 것처럼 느껴져."

사실 연세가 지긋하신 분 앞에서 죽음에 관한 이야기를 꺼내는 건 조금 어려운 일이다. 그러나 추기경님은 달랐다. 죽음을 미리 준비하시고 있는 것처럼 두려워하지 않으셨고, 모든 걸 바람 부는 대로 맡기시는 듯했다. 그리고 마지막까지 다른 이들에게 자신의 모든 걸 내어주고자 하셨다.

추기경님의 어머님은 돌아가시기 직전에 사후 안구

기증 의사를 밝히셨는데, 추기경님은 주변의 만류에도 불구하고 안구 적출 수술을 지켜보셨다. 마지막까지 모든 걸 아낌없이 주고 떠나는 어머님의 모습을 마음에 새기고 싶으셨던 것 같다. 나중에 말씀하시길 어머니의 눈이 누군가에게 새로운 빛을 준다는 사실에 위안을 받으셨다고 했다. 그래서 정 추기경님도 2006년에 장기 기증과 사후 각막 기증을 약속하셨지만 고령이신지라 연구용으로 사용하게 되었다.

그밖에도 도움이 필요한 교구 기관과 단체에 개인 재산을 기부하시기도 했다. '모든 이에게 모든 것'이 되고자 하셨던 추기경님. 당신의 사목 표어처럼 마지막까지 전부를 내어 주신 모습은 여전히 내게 많은 것을 이야기해 준다. 나 역시도 삶의 마지막 순간에 그렇게 떠날 수 있길 바랐다.

정 추기경님은 2006년 추기경 서임 당시에 밤하늘의 작은 별빛이 되고 싶다고 하셨다. 크고 밝게 빛나는 별이 아니라 왜 작은 별빛일까. 누구나 친근하게 다가갈 수 있는, 그리고 그 곁에서 잠시 쉬어 갈 수 있도록 '작은 별'이 되고자 하셨던 게 아닐까 싶다.

이제 추기경님은 그토록 그리던 어머니와 만나 하늘에서 함께 기도를 바치고 계실까. 추기경 서임이 발표된 직후에 있었던 일이 떠오른다. 한 기자가 추기경님께 물었다.

"어머니께서 살아 계시다면 무얼 해 드리고 싶으세요?"

그러자 추기경님은 이렇게 대답하셨다.

"절을 하고 싶어요. 끝없이, 아주 많이……."

"정 추기경님, 어머님을 만나 절을 많이 하셨나요? 그동안 함께해 주셔서 감사드립니다. 언제나 기억하겠습니다."

## 그분의
## 눈물을 보았습니다

    정진석 추기경님을 추억할 때마다 떠오르는 몇 가지 모습들이 있다. '학자', '이면지', '완벽함', '단벌 신사', '기계 체조', '칸트'……. 추기경님은 스스로에게 엄격하신 분이었으며 매사에 검소하셨다. 하지만 그런 모습 너머에는 인간적인 따스함이 숨어 있었다.

    나는 정 추기경님이 화를 내시는 모습을 좀처럼 보지 못했다. 다만 내게 딱 한 번 화를 내신 적이 있다. 어떤 행사에 대한 엠바고가 지켜지지 않아 서울대교구 입장이 곤란해졌을 때였다. 나는 다른 주교님과 신부님들이 있는 자리에서 추기경님에게 크게 꾸지람을 들었다. 자존심도 상하고, 조금 억울하기도 했다. 잠시 후에 정 추기경님이 교구청 마당 구석으로 나를 부르셨다.

"허 신부, 내가 아까 심하게 이야기해서 미안해. 참지를 못하고 잘못했어."

사실 웃어른이 아랫사람에게 용서를 청한다는 건 쉬운 일은 아니다. 자신을 내려놓는 용기도 필요할 뿐더러 자존심도 내려놓아야 한다. 그런데 정 추기경님은 자신보다 훨씬 아랫사람인 내게 직접 사과를 건네신 것이다. 이런 모습에서 그분의 성품을 엿볼 수 있게 되었다.

한번은 그리스와 튀르키예로 떠나는 성지 순례에 정 추기경님을 초대했던 적이 있다. 언젠가 "나의 사목 표어가 바오로 사도의 말씀인데, 죽기 전에 바오로의 선교 무대였던 그리스와 튀르키예는 한번 가 보고 싶어."라고 하신 적이 있기 때문이다. 성지 순례를 떠나는 날, 정 추기경님에게 단체 티셔츠 한 벌을 건넸다. 그러자 추기경님은 어린아이처럼 즐거워하셨다.

"그동안 사제복만 입다가 이런 티셔츠를 입어 보는 건 정말 몇 십 년 만이야."

추기경님은 언젠가 "나는 젊은 나이에 주교가 되면서 스스로를 가두어 버리는 유폐 생활을 한 셈이야."라고 하신 적이 있다. 그 어깨를 짓누르고 있는 책임과 의무의 무게는 엄청났으리라. 그래서인지 평소에는 감정의 동요가 없으신 편이었다.

그런데 처음으로 자신의 감정을 드러내신 적이 있다. 바로 서울대교구 교구장직을 떠나기 직전에 열린 사제회의 때였다. 서울대교구 교구장으로 봉직했던 소감을 말씀하시다가 그만 흐느껴 우시는 게 아닌가. 그 자리에 모인 신부님들은 무척 당황스러워했다. 나 역시 그동안 한 번도 보지 못한 모습이었다. 사무실로 돌아가는 길에 추기경님께 조심스레 여쭤보았다.

"긴장감이 풀리셔서 감정이 폭발하셨나 봐요."

"그러게 말이야. 그동안 나도 모르게 그렇게 참아 왔었나 봐."

그분은 평생 그렇게 외로운 길을 걸어오셨던 것 같다. 그럼에도 늘 삶에서 행복을 강조하며 묻곤 하셨다.

"하느님께서 인간에게 가장 바라시는 것은 무엇일까? 하느님도 마치 부모님처럼 당신 자녀인 인간의 행복을 가장 원하시지 않을까? 그런데 진정한 행복은 무엇일까?"

추기경님은 또한 언제나 다른 이들에게도 일상의 소소한 행복을 전해 주고 싶어 하셨다. 어느 가을 무렵이었다. 추기경님은 주교관 입구로 내려가다 잠시 멈추어 감나무를 올려다보셨다. 그해 가을에도 그 감나무에는 잘 익은 감이 주렁주렁 매달려 있었다. 마침 계성여고 학생들이 재잘대며 우리 앞을 지나갔다. 문득 아이들에게 가을의 기분을 전해 주고 싶으셨는지 말을 건네셨다.

"애들아, 땅만 보며 떠들지 말고 하늘도 보고 감나무도 보렴. 가을을 느껴야지?"

아이들은 까르르 웃으며 큰 소리로 대꾸했다.

"할아버지나 많이 느끼세요! 우리가 알아서 느껴요!"

예상치 못한 반응에 추기경님은 멋쩍은 미소를 지으며 말했다.

"그래! 할아버지 이야기한 것 취소다!"

지금도 감나무를 바라보면 그분의 환한 미소가 눈앞에 그려지는 듯하다.

# 나의
# 눈부신 친구에게

지난밤 꿈에서 돌아가신 차동엽 신부님을 만났다. 예전과 다름없는 편안한 얼굴이었다. 친근한 옆집 아저씨 같은 느릿한 말투와 몸짓도 그대로였다. 우리는 유럽의 어느 고즈넉한 성당이 보이는 벤치에 앉아 이야기를 나누었다. 그러다 잠에서 깨었는데 무슨 이야기를 나누었는지 잘 기억이 나지 않았다.

나는 기억을 더듬어 생전에 그와 나누었던 이야기들을 천천히 떠올려 보았다. 늘 대화 중에 상대방의 모습에 집중하며 호기심에 가득 찬 얼굴로 두 귀를 쫑긋 세우던 그 모습. 나도 모르게 미소가 지어졌다.

우리의 인연은 1988년 오스트리아 빈에서부터 시작되었다. 그는 공학도의 길을 걷다가 뒤늦게 신학교에 입학하였고, 빈으로 유학을 오게 되었던 것이다. 나는 그와 처음 만났을 때 평생 친구가 될 것 같다는 느낌을 받았다. 나이도 비슷했고, 공통점도 많았기 때문이다. 그래서 어느새 가까운 사이가 되었지만 늘 존댓말을 했다. 우리 둘 다 대화하는 걸 좋아해서 시간 가는 줄 모르고 이야기를 나누곤 했다. 그와 나누었던 대화는 주로 교회에 관한 것이었다. 나중에 자신이 책으로 집필한 주제인 행복이나 희망, 비전, 영적인 삶에 대해서도 이야기했다. 우리에게 또 하나의 공통점이 있다면 몸이 약하다는 것이었다. 그래서 건강에 관해서도 자주 대화를 나누곤 했는데, 그때마다 그가 하던 얘기가 있었다.

"우리는 마흔 살까지만 살아도 감사한 거야!"

그러면서 농담 반 진담 반으로 자신은 어릴 적부터 비탈길에서 등짐을 많이 지어서 몸이 안 좋은 거라고도 했다.

빈에서 유학하던 시절, 나는 주머니 사정이 조금 더 나은 편이었다. 그래서 매일같이 그와 함께 외식을 했다. 배고픈 이에게 밥을 먹여 주는 것처럼 더 큰 애덕이 어디 있을까. 그래서 그런지 그는 나를 다른 이에게 소개할 때면 배고팠던 시절에 밥 많이 사 준 사람이라고 이야기하곤 했다. 헤어질 땐 늘 꼬깃꼬깃 접은 외화 몇 장을 그의 바지 주머니에 찔러 넣어 주곤 했다. 그는 한사코 받지 않으려고 했다. 내가 "나중에 다른 후배에게 갚아요."라고 말하면 빙그레 웃으며 말없이 그 돈을 받았다.

1988년 늦가을 무렵, 슬픈 부고가 날아들었다. '전주교구 소속 신학생, 인스브루크 알프스산 등반 도중에 실족사.' 사고를 당한 신학생은 이제 겨우 스물여덟 살이었다. 5년간 오스트리아 인스부르크 대학에서 신학 공부를 마치고, 몇 달 뒤 사제품을 받기 위해 귀국하려던 찰나였다. 오매불망 고국으로 돌아가길 꿈꾸었을 젊은 신학생이 차디찬 시신으로 누워 있었다. 나는 그 신학생의 장례식에 참석하기 위해 인스부르크로 갔다. 그 자리에 차 신부님도 함께했다.

"친구야, 추운 땅속에 너를 묻으려니 몹시 마음이 아프구나. 춥지 마라. 몇 달만 참으면 우리가 그렇게 그리던 한국에 갈 수 있는데……. 산에는 뭐 하러 갔니?"

고별사를 읽던 동료 신학생은 울먹였다. 그 자리에 모인 이들은 참았던 울음을 터트리고 말았다. 그는 십여 년 전 같은 사고로 숨진 《산, 바람, 하느님, 그리고 나》의 저자 김정훈 부제 곁에 영원히 잠들었다. 우리는 함께 묘지까지 걸으며 많은 이야기를 나누었다.

"오늘은 우리가 이렇게 울고 슬퍼해도 결국 시간이 흐르면 언젠가는 잊히겠지요?"

"살아 있는 사람들은 각자의 삶을 또 살아가야 하니까요. 그래서 인생이 참 슬픈 거죠."

그리고 마지막으로 묘지 위에 꽃 한 송이씩을 봉헌했다.

차 신부는 공부를 마치고 귀국한 뒤로 무척 바빠졌다. 전국을 다니며 강의를 하고, 집필한 책은 베스트셀러가 되었다. 그야말로 스타가 된 것이다. 실은 그런 모습을 보며 건강이 염려스러웠다. 그래서 강의를 조금 줄이라고 조언하기도 했지만 이렇게 대답했다.

"강의를 거절하면 유명해지니까 교만해졌다고 할 거 같아요. 힘닿는 데까지 다녀야죠."

자신도 과로로 건강이 안 좋아지고 있다는 걸 알고 있으면서도 아랑곳하지 않았던 것 같다. 그는 자신이 달릴 길을 끝까지 다 달린 뒤, 2019년 11월 12일에 세상을 떠났다. 나는 그가 많은 이들에게 빛과 희망을 비추어 주었음을 느꼈다. 또한 지난날 함께했던 청춘의 시간을 떠올리며 이제는 나의 눈부셨던 친구를 보내야 할 때라는 걸 깨달았다. 그가 자주 부르곤 했던 옛 가요의 한 소절이 떠오른다. '떠날 때는 말없이 가는 것…….'

"신부님, 이제 주님 곁에서 편안히 쉬어요. 혹시 아직도 강의며 집필로 피곤한 건 아니지요? 여전히 많은 이들이 신부님을 그리워해요."

# 누군가의
# 밥이 되어 주었던 사람

 2008년 4월, '노숙인의 슈바이처', '영등포 슈바이처'로 불렸던 요셉의원의 선우경식 원장님이 선종했다. 원장님은 극빈층과 노숙인들이 무료로 진료를 받을 수 있는 요셉의원을 세우신 뒤로 21년 동안 그들의 벗이 되셨다. 그분은 늘 인생의 마지막을 요셉의원에서 보내고 싶다고 하셨다. 그리고 그 소원대로 마지막 순간까지 환자들을 돌보셨다고 들었다.

 내가 원장님을 만난 것은 몇 해 전이었다. 내가 요셉

의원 후원을 위한 잡지 《착한 이웃》에 필자로 참여한 것이 인연이 되었다. 겸손하고 수줍어하시던 모습이 무척 인상적이었다.

원장님은 서울대교구 '사제 성화의 날'에 강의를 하셨던 적이 있다. 그날 강의에서 자신의 이야기와 요셉의원을 꾸려 나가며 있었던 이야기를 참으로 솔직하게 들려주셨다.

"처음에는 이 일을 길게 하려고 생각하지 않았습니다. 심지어 도망가고 싶은 생각도 얼마나 많이 했는지 모릅니다. 처음엔 3년만 하려고 했는데, 후임자가 없어서 다시 2년을 더 했지요. 그런데 5년이 지나도 후임자가 나타나지 않는 겁니다. 그 사이 요셉의원의 환자는 점점 늘어나 수만 명이나 돼 버렸어요. 저는 요셉의원을 찾는 이들을 차마 외면하지 못했습니다. 그 사람들은 여기가 아니면 갈 곳이 없으니까요. 그저 하느님께서 알아서 해 주시겠지 하며 생각을 고쳐먹었습니다. 그러다 보니 결혼도 못하고 오늘에 이르렀습니다. 살아오면서 격려도 많이 받았지만 오해나 비난도 많이 받았습니다. 일을 하다 보면 누구나 겪는 일이겠으나 때로는 참 많이 외롭고 힘이 듭니다. 신부님들께서 많이 기도해 주십시오."

가끔 나는 "주님, 당신께서는 저를 살펴보시어 아십니다. 제가 앉거나 서거나 당신께서는 아시고 제 생각을 멀리서도 알아채십니다."(시편 139,1-2)라는 시편 구절에 위로를 받곤 한다. 원장님도 힘들고 어려울 때 하느님께 눈물을 흘리며 하소연하신 적이 있을까? 순수한 마음으로 봉사를 하면서도 비난과 오해를 받기도 했으니 억울하고 분한 일은 또 얼마나 많았을까 싶었다. 하느님께서 모든 것을 다 아신다는 것, 그 자체가 얼마나 위안이 되는지 모른다.

원장님은 1969년 가톨릭대학교 의대를 졸업하고 미국으로 건너가 내과학을 전공했다. 귀국 후 한림대학교

병원에서 잠시 근무하다가, 1983년부터 당시 달동네였던 관악구 신림동에서 무료 의술 봉사 활동을 시작했다. 이 봉사 활동이 그의 인생길을 결정하는 계기가 된 셈이다. 당시 의료 시설이 전혀 없었던 신림동 달동네에서 대학 선후배들과 함께 환자를 업고 다니며 자원봉사를 펼쳤다고 한다. 그리고 마침내 1987년 8월, 신림 1동에 무료 자선 병원인 요셉의원을 세웠다. 의사로서 편하고 부유하게 살 수도 있었으나 가장 비천하고 낮은 곳으로 내려간 것이다.

당시는 국민 건강 보험이 시행되기 전이라 가난한 이들은 몸이 아파도 병원을 찾기가 어려웠다. 요셉의원은 그런 이들에게 마치 구세주 같은 존재였다. 하지만 운영 자금은 항상 턱없이 부족했다. 환자들이 점점 더 많이 밀려들었기 때문이다. 그때마다 자원봉사자들과 후원자, 은인들이 힘을 보탰다. 원장님은 늘 요셉의원이 유지되고 있는 것이 기적이라고 했다. 그동안 이곳을 거

처 간 환자만도 42만 명에 이른다. 환자들은 대부분 영세민과 노숙인, 외국인 근로자 등 세상에서 소외된 이들이었다.

그러나 정작 원장님 자신의 몸은 챙기지 못하고, 몇 해 전 말기 암 선고를 받아 주위를 안타깝게 했다. 생전에 언론사의 인터뷰를 극구 사양했기에 요셉의원과 원장님의 이야기는 사후에 여러 방송을 통해 소개되었다. 프로그램이 나간 후 시청자 게시판에는 그분이 걸어오신 삶에 감동을 받았다는 글이 넘쳐 났다.

"보는 내내 눈물이 났는데 아직까지도 눈물이 나네요.", "이렇게 아름다운 향기를 지니신 분은 왜 일찍 돌아가시는지……. 고인의 명복을 빕니다.", "마지막까지 아름다우셨던 모습에 감사드립니다.", "제 삶을 되돌아보는 계기가 됐어요."

원장님은 항상 소외된 이들의 착한 이웃이 되고자 했다. 그는 환자의 아픈 몸을 치료해 줄 뿐 아니라 한없는 사랑으로 상처받은 마음을 어루만져 준 진정한 의사였다. 그래서 늘 환자들에게 약보다 밥을 먼저 주었다고 한다. 직접 병원에서 밥을 지어 나누며 세상에서 상처받은 이들의 '밥'이 되고자 하신 것이다.

나는 원장님이 마지막까지 전하고자 했던 사랑과 봉사 정신이 거칠고 메마른 이 시대에 희망의 유산이 될 거라고 믿는다. 생전에 자주 하셨던 이야기가 아직도 귓가에 선하다.

"돌이켜 보면 제게는 이 환자들이 선물이나 다름없습니다. 의사에게 아무것도 해 줄 수가 없는 환자야말로 진정 의사가 필요한 환자가 아닙니까. 이렇게 귀한 일은 아무나 할 수 없는 것이기에 감사합니다. 이런 선물을 받았으니 보답하지 않을 수가 없는 것입니다."

# 소외된 이들의
# 벗이 되고 싶었습니다

어느 날, 한 선배 신부님으로부터 전화를 받았다. 신부님은 "강대건 치과 선생님 알지?"라고 물으셨다.

강대건 선생님은 일 년에 두 번 정도 신학교에 오셔서 신학생들의 치아 정기 검진을 해 주셨던 분이다. 정기 검진 때 문제가 있으면 방학 때 강 선생님의 병원에 방문하여 치료를 받곤 했다. 지금도 서대문구 영천 시장 입구에 있던 그 치과가 떠오른다. 세월의 흔적이 느껴지던 그 병원은 늘 신학생과 수도자들로 붐볐는데, 신학생과 수도자에게는 치료비를 받지 않는 곳이었다.

신부님은 강 선생님의 안부를 전하시며 이렇게 말씀하셨다.

"강 선생님이 그동안 하시던 봉사 활동을 마치고 상을 받게 되었어. 그래서 교계 신문에 선생님 관련 기사가 나왔으면 해. 그동안 인터뷰는 한사코 거절하셨는데, 30년 넘게 한센인들을 위해 봉사하셨거든. 이런 내용을 신자들에게 알리면 좋을 거 같아. 허 신부가 수고 좀 해 줘."

나는 신부님께 교회 내 기자들에게 알리겠다고 말씀드리고 전화를 끊었다. 강 선생님이 한센인들을 위해 봉사하셨다는 것은 처음 알았다. 나도 신학생 때 선생님이 보철 치료를 해 주신 치아를 아직도 잘 사용하고 있다. 사제가 되었을 때 최소한 재료값이라도 드렸어야 했다는 생각이 들어 부끄러웠다. 뒤늦게나마 그때 베풀어 주신 은혜에 보답하고 싶었다. 선배 신부님은 그동안 선생님이 자신이 하시는 일을 절대 외부에 알리지 말라고 하셨다고 했다. 그렇지만 이제 봉사를 마무리하셨으니 선생님의 이야기를 일반 언론에도 널리 알리고 싶었다. 선생님의 이야기가 다른 이들에게 귀감이 될 거라는 확신이 있었고, 그동안 해 오신 봉사에 조금이나마 보답이 될 것 같았기 때문이다.

다음 날, 강대건 치과 의원에는 가톨릭 한센인들의 모임인 한국가톨릭자조회가 감사패를 전달한다는 소식에 많은 한센인들과 취재진이 모였다. 원장님이 한센인들에게 만들어 준 틀니만 해도 5천여 개였고, 진료한 환자들 수는 헤아리기 어려울 정도였다. 사실 한센인의 입안을 들여다보고 치료한다는 것은 쉬운 일은 아니었으리라.

나는 교구장님께도 강 선생님의 소식을 전했다. 그래서 교구에서도 그동안의 노고에 감사하는 마음을 담아 서울대교구장 감사패를 드리게 되었다. 감사패를 드리는 날, 그 자리에 함께한 선생님 댁 가족분들이 무척 기뻐하셨다. 그 모습을 보자 그분들에게도 뭔가를 해 주고 싶다는 생각이 들었다. 따님 중 한 분이 이런 이야기를 들려주셨던 것이 떠올랐기 때문이다.

"실은 어릴 적에 학교에서 돌아올 때마다 아버지네 병원 앞을 지나가야 했거든요. 그런데 친구들이 '너희 병원은 거지 병원이구나?' 하고 놀리던 게 싫어서 늘 쌩하니 달려서 집으로 오곤 했지요."

선생님도 자신이 늘 주말마다 봉사를 다니느라 자녀들과 놀아 주지 못한 일을 무척 가슴 아파하셨다. 나는 선생님이 걸어오신 삶이 그 무엇보다도 값지고 헛되지 않았음을 보여 주고 싶었다.

문득 가난한 이들에게 관심이 많으신 프란치스코 교황님이라면 선생님이 걸어오신 삶을 알아봐 주실 거라는 생각이 들었고, 교구장님께 교황청에 교황 훈장 추서를 부탁드리면 어떻겠냐고 제안을 드렸다. 관련 내용을 전달하자 교황청에서는 즉시 '교회와 교황을 위한 십자가 훈장'을 보내 주겠다는 답변이 왔다. '교회와 교황을 위한 십자가 훈장'은 각국의 주교나 교황 대사가 추천한 평신도나 성직자에게 주어지는 훈장으로, 교회와 교황을 위해 탁월한 봉사를 한 이들에게 메달을 수여한다.

선생님은 그 뒤로도 인술을 펼친 공로를 인정받아 대한치과의사협회의 '2013년 올해의 치과인상', 국민추천 포상 국민훈장 모란장 수상자로 선정되셨다. 청와대에 초청되어 대통령으로부터 상도 받으시고, 2014년에 프란치스코 교황님 방한 때에는 '평화와 화해를 위한 미사'에 초청되셨다. 선생님은 겸손하게 자신 같은 나약한 죄인이 교황님을 뵙는다니 더없는 영광이라며 거듭 감격스러워하셨다. 이렇듯 선생님은 늘 자신이 했던 일을 낮추며 겸손하셨다. 그리고 늘 이렇게 말씀하셨다.

"봉사는 나를 드러내거나 하느님께 자신 전체를 바치는 마음이 아니면 할 수 없어요. 저는 평생을 헌신하고 어느 날 그냥 말없이 사라지는 수도자처럼 되고 싶어요."

나는 선생님이 받게 될 가장 큰 상이 아직 남아 있다고 생각한다. 바로 하늘나라에서 받으실 상이다. 주님께서는 언제나 이웃을 향한 참사랑과 선행을 베푸셨던 선생님을 안아 주시며 "정말 수고 많았다. 잘 살았다!"라고 하시며 기뻐하실 것이다.

# 우리가
# 사랑의 손길을 내밀 때

보좌 신부 때, 한 달에 한 번 환자 영성체를 나가곤 했다. 그때 만났던 분 중에 중풍으로 오랫동안 고생하고 계신 중년의 형제님이 있었다. 전에는 공무원으로 일했지만 중풍을 앓게 된 후로는 조금도 움직일 수 없다고 했다. 그분이 사는 곳은 지붕이 낮은 작은 판잣집이었다. 어두컴컴한 집 안으로 들어가자 혼자 누워 계신 모습이 보였다. 말씀도 잘하지 못하고 누워 있는 동안에도 몹시 고통스러워하셨다. 옆에 놓인 플라스틱 바가지 안에는 잘게 으깬 삶은 감자가 담겨 있었다. 그분은 매일 맹물과 감자로 연명하고 있었던 것이다. 나는 환자 영성체가 끝나고 돌아가는 길에 반장님께 물어보았다.

"저분에게는 가족이 안 계십니까?"

"아이 엄마는 남편이 쓰러지고 난 다음에 집을 나갔다고 들었어요. 중학생인 딸아이가 학교 갔다 돌아오면 아버지를 돌보고 있어요. 감자도 딸이 삶아 놓은 거고요."

"그런 사연이 있었군요. 친척이나 누군가 도와줄 사람은 없습니까?"

"동사무소에서 지원금이 조금 나오고, 주변에서도 도와주기는 하지요. 그렇지만 딸아이도 아직 학생이니 형편이 어렵죠."

나는 다음 달에도 그 집을 방문했다. 방학 때여서 그랬는지 딸아이가 집에 있었다. 방에 들어서자 아이는 내게 눈인사를 건네곤 아버지 곁에 앉았다. 나는 떠날 무렵 즈음에 아이에게 물어보았다.

"몇 학년이니?"

"중학교 3학년이에요."

"방학이라 집에 있는 거야?"

"네. 보충 수업이 있는데 신부님이 오신다고 해서 인사드리고 학교 가려고요."

"그렇구나. 다음에 또 보자."

사제관으로 돌아온 후에도 그 형제님과 딸아이가 계속 떠올랐다. 덩그러니 놓여 있던 삶은 감자도……. 작게나마 도움을 주고 싶다는 마음이 떠나질 않았다. 그 집에 다녀오고 며칠이 지났을 때, 환자 영성체에 동행했던 반장님이 미사에 오셨다. 나는 반장님께 조심스럽게 말씀드렸다.

"반장님, 제가 미사 예물을 받으면 조금씩 돈을 챙겨 드릴게요. 그럼 한 달에 한 번씩 그 중학생 아이에게 전해 주시겠어요? 제가 주었다는 말은 하지 마시고요."

"네, 신부님. 잘 알겠습니다."

나는 다른 본당으로 옮긴 후에도 반장님을 통해 그 아이에게 돈을 보내곤 했다. 그러다 갑자기 독일 유학을 떠나게 되었다. 다른 것보다도 그 아이를 돕는 일을 어떻게 해야 할지 고민스러웠다. 몇 날 며칠을 고민한 끝에 마침내 도움을 줄 수 있을 분을 찾았다. 내가 맡았던 예비자 교리반에서 세례를 받았던 성당 앞 치과 선생님이었다. 나는 선생님을 찾아가 그간의 사정을 이야기했다.

"중풍으로 10년째 전혀 움직일 수 없는 형제님이 한 분 계세요. 그분에게 고등학생 딸이 한 명 있는데, 혹시 그 아이 학비랑 생활비를 조금만 도와주실 수 있을까요?"

선생님은 흔쾌히 도와주시겠다고 하셨다. 덕분에 나는 한결 가벼운 마음으로 유학을 떠날 수 있었다. 몇 년 후, 독일에서 귀국한 뒤 선생님을 만나자마자 그 아이의 근황을 물었다. 기쁘게도 고등학교를 잘 졸업하고 회사에 취직했다는 이야기를 들려주셨다.

"신부님, 그런데 그 아이가 참 대단해요. 직장에 다니면서 편찮으신 아버지를 혼자 돌보는 게 얼마나 힘들겠어요. 그래서 제가 아버지가 편히 계실 수 있는 요양원으로 모시겠다고 했지요. 그런데 아버지가 돌아가실 때까지는 힘들더라도 자신이 꼭 모시겠다고 하는 거예요. 요즘 세상에 보기 드문 아이에요."

나는 돌아오면서 그 형제님이 참으로 훌륭한 딸을 두었다고 생각했다. 그리고 이웃을 향한 따스한 손길을 기꺼이 내밀어 주신 선생님에게도 감사했다. 선생님은 세례를 받으신 후로는 하루 한 명 환자 분의 치료비를 한 달간 모아 기부를 하신다고 들었다.

우리가 다른 이를 위해 사랑의 손길을 내민다면 세상은 좀 더 따스해지지 않을까. 그 사랑을 받은 이들도 자신이 받았던 사랑을 누군가에게 나누어 준다면 하느님께서는 더없이 기뻐하시리라.

가끔 그 꼬맹이 숙녀의 안부가 궁금하기도 하다. 이제는 어엿한 누군가의 아내로, 엄마로 살고 있을까? 어디에 있든, 무엇을 하든 늘 행복하길 기도한다.

# 어느 사제의
# 일기장

2007년이 저물어 가던 12월 29일. 명동 성당에서 J신부님의 장례 미사가 봉헌되었다.

"하느님만이 J신부님의 모든 걸 다 아실 것이라 생각합니다. J신부님이 얼마나 외롭고 힘들었는지, 얼마나 자신의 잘못과 허물을 뉘우치고 고치려고 발버둥쳤는지, 얼마나 자신을 통제하고 다스리려 애를 썼는지……. 하느님만이 아실 것입니다."

정진석 추기경님은 장례 미사 강론에서 이렇게 말

씀하셨다. 자기 자신도 제대로 모르는 우리가 어떻게 다른 이를 온전히 안다고 말할 수 있을까. 우리는 다른 이가 나에 대해 오해하며 편견을 가지고 대할 때 큰 상처를 입는다. "제가 앉거나 서거나 당신께서는 아시고 제 생각을 멀리서도 알아채십니다."(시편 139,2)라는 성경 말씀처럼 오직 하느님만이 나를 속속들이 아신다. 그래서 누군가 나의 진심을 알아준다는 것은 큰 위로가 된다.

나는 세상을 떠난 J신부님을 그분의 일기장을 통해서 만났다. 사실 선배 사제인 그분에 관해 아는 것은 거의 없었다. 성함만 알고 있었을 뿐 실제로 만나 뵌 적도 없었고, 다른 신부님들이 전해 주는 이야기로 어렴풋이 알고 있을 뿐이다. 그동안 내가 전해 들은 신부님에 대한 이야기는 '무섭다, 깐깐하다, 외골수다.' 등의 부정적인 이야기였다. '고집이 참 세다, 일단 결정하면 끝까지 밀어붙인다.'는 이야기도 있었다. 그런데 어느 날 갑작

스러운 부고가 들려왔다. 나는 신부님에 관한 글을 써야 하는 직무로 그분의 일기장을 보게 되었다. J신부님의 동창 신부님이 가져다주신 그 일기장을 아무 생각 없이 여기저기 뒤적였다. 두꺼운 대학 노트에 볼펜으로 깨알같이 쓴 신부님의 일기장은 2006년 10월 29일 주일부터 시작하고 있었다.

〰〰

50도 F°, 맑고 바람 붊. 연중 제30주일

1. 9:10-9:25 아침 성무일도. 꿈에 동창 G신부가 나에게 큰 방을 하나 내 주었다.

2. 나뭇잎이 바람에 다 떨어졌음.

3. 11:00까지 텔레비전 시청. 프랑스 아비뇽, 이태리 프로방스에 대해 방영

4. 11:10-11:45 실내 운동

5. 12:15-12:40 연중 제30주일 미사 드림

6. 13:00 점심

7. 14:30 낙엽을 긁어 통에 모음

8. 17:40 저녁 성무일도

9. 18:00 식사

10. 19:00 영적 독서

11. 21:00-21:30 전화 통화

일기장에는 신부님의 일상이 상세하고도 빼곡하게 남아 있었다. 시간 단위로 적힌 일정표만 봐도 그분의 일상이 눈앞에 그려지는 듯했다. 먹고 싶은 음식이며, 누구를 만났는지, 무슨 기도를 바쳤는지, 볼펜을 언제 바꾸었는지 등 시시콜콜한 일상이 빠짐없이 적혀 있었다. 객관적인 사실뿐 아니라 일기장 중간 중간에는 자신의 심경을 표현한 대목도 더러 눈에 띄었다. 처음으로 다른 이의 일기장을 보면서 누군가의 방을 엿보는 것 같았다. 솔직히 약간 흥분되기도 했다. 한편으로는 신부님께 미안한 마음도 들었다. 그러나 그분의 일기장에서 눈을 뗄 수가 없었다. 사제이기 이전에 평범한 인간인 그분의 삶이 그대로 펼쳐져 있었기 때문이다. 순수한 삶의 역사만큼 아름답고 감동적인 기록이 또 있을까.

나는 마치 일기장 속 시공간으로 빨려 들어간 듯한 착각에 빠졌다. 타임머신을 타고 신부님이 살아오신 삶의 현장으로 들어가 있는 느낌이랄까. 그리고 얼마 후 그분의 심정을 조금이나마 느낄 수 있었다. 일기장 곳곳에 쓰여 있는 자기 성찰은 소름이 끼칠 정도로 분석적이고 정확했다. 삶에서 한 치의 오차도 허용하지 않으려고 하는 신부님의 성격과 의지가 엿보였다. 처음에 일기를 읽을 때만 해도 신부님이 무척 강하신 분이라고 생각했다. 그런데 일기를 읽어 나가면서 오히려 외롭고 상처받기 쉬운 여린 마음을 지닌 분이라는 생각이 들었다. 그분은 자신의 약한 속내가 드러날까 두려워 겉을 딱딱한 껍질로 둘러싸고 있었다. 자신의 삶에 대한 미련과 후회를 표현하는 대목도 많았다. 신부님은 과거로, 고국으로 돌아가고 싶다는 절절한 마음을 숨기지 않았다. 하느님만 믿고 의지할 수밖에 없는 처절한 상황에 놓이셨던 것이다.

~~~

> 옛날로 돌아가고 싶다. 마음 깨끗한, 꿈 많았던 때로 돌아가고 싶다. 옛날로 돌아가 내가 잘못했던 것을 바로잡고 못 다한 일을 하고 싶다. 옛날로 돌아가고 싶다. 어릴 적 동무들을 만나 믿음을 쌓고 싶다. 오늘이 또 옛날이 되거늘 오늘이 옛날이 되기 전 보람을 찾으리.

신부님의 일기장을 읽다가 문득 그분이 보고 싶어졌다. 시신이 안치되어 있는 명동 지하 성당으로 갔더니 마침 신부님을 염습하기 위해 신자들이 기도를 드리고 있었다. 신부님은 제의를 입은 채 누워 계셨다.

나는 가까이 다가가 그분의 얼굴을 들여다보았다. 마치 주무시는 듯 평온한 얼굴이었다. 이상한 일이었다. 내가 오래전부터 그분을 잘 알고 있었던 것 같은 착각이 들었다.

'신부님, 안녕하세요? 저는 신부님을 잘 몰랐지만 일기장을 통해 그 마음을 아주 조금은 알게 되었습니다. 이제 하느님 품 안에서 평안하시죠? 돌아가시기 전 즈음에는 진통제도 듣지 않아 무척 힘들어하셨다는 이야기를 들었습니다. 더 이상 고통 없이 힘들지 않게, 하느님께서 신부님을 안아 주시기를 기도하겠습니다. 하느님은 신부님의 모든 것을 이미 다 알고 계시기에 그냥 꼭 안아 주실 겁니다. 마치 아버지가 아들을 안아 주시듯이……. 신부님, 안녕히 가세요.'

지하 성당을 나오자 겨울비가 쓸쓸하게 내리고 있었다. 그리고 조금 전 일기장에서 본 신부님의 기도가 자꾸 생각났다. 가슴이 아려와 눈에도 자꾸 이슬이 맺혔다.

∾∾∾

님 없이는 우리에게 꿈도 바람도 없습니다.

님 없으면 우리에게 참기쁨과 즐거움도 없습니다.

님은 빛처럼 밝고 환하게 비추시며 우리에게 들어오십니다.

# 사람이 무엇이기에
# 이토록

한동안 매스컴에 형 신부님의 알코올 탈출기에 대한 이야기가 자주 언급되었다. 신부가 알코올 의존자였다는 사실이나 중독에서 벗어난 후의 자기 고백이 세간의 흥미를 끌었던 것 같다. 나는 형이 얼마나 괴로운 인생의 터널을 통과했는지 곁에서 지켜보았다. 술 먹는 사람들이 다 그렇다지만 형도 자신의 의지로 술을 끊으려고 무척 애를 썼지만 오래가지는 못했다. 끊었다가 어느새 다시 술을 마시는 일이 반복되었다. 알코올 의존증의 폐해가 얼마나 큰지 경험해 보지 않은 사람은 모른다. 특히 곁에 있는 가족들의 고통은 이루 말할 수 없다.

가끔씩 광주의 정신 병원 폐쇄 병동에 형을 홀로 두고 돌아오던 기억을 떠올린다. 그때 처음으로 폐쇄 병동에 들어가 보게 되었다. 눈의 동공이 풀린 사람, 혼자 고래고래 소리 지르는 사람, 무표정하게 땅만 보며 어슬렁거리는 사람……. 병동 안의 상황은 무섭고 낯설기만 했다. 그 가운데에 있는 형의 얼굴을 보니 잔뜩 겁먹은 표정이었다.

"형, 여기 사람들 착해 보이는데 전교 잘해서 세례 시켜요."

나는 농담을 건넸다. 그렇게라도 긴장을 풀어 주고 싶었는데 형은 아무 말이 없었다. 잠시 후에 우리는 이중으로 된 철창을 사이에 두고 헤어졌다. 서울로 돌아오는 길에 자꾸만 눈물이 흘러 창밖만 쳐다보았다.

얼마 후 형이 동생과 내게 편지를 보내왔다. 편지는 형이 서품 상본에 선택했던 시편 말씀으로 시작하고 있었다.

"인간이 무엇이기에 이토록 기억해 주십니까?
사람이 무엇이기에 이토록 돌보아 주십니까?"
(시편 8,5)

사랑하는 동생 신부들아!

나는 모든 치료를 열심히 받고 있다. 오랜만에 주일을 맞아 미사도 참례하고 휴식도 취하고 있다. 이곳에 와서 처음 일주일 동안은 폐쇄 병동에서 정신 질환자들과 함께 지냈다. 세 평 남짓한 좁은 침실에서 생활하며 점심 식사 후 잠깐 동안만 햇볕을 쬘 수 있는 자유롭지 못한 생활이란다. 그래도 미사에 참여할 수 있다는 것이 기쁘다. 지금 나는 지난 16년간의 그릇된 삶을 보속하고 속죄하는 마음으로 치료에 전념하고 있다.

그동안 음주로 인해 홀로 계신 어머니께 걱정을 끼쳐 드린 게 가장 후회스럽다. 그리고 나로 인해 가족들이 아픔을 겪었다는 것 때문에 무척 고통스럽다. 이곳에 오기 전에 비가 억수같이 쏟아지던 날, 우산도 없이 정처 없이 길을 걸은 적이 있다. 무엇보다 외로움과 고독감, 그리고 나에게 쏟아지는 수군거림과 비웃음, 사람들에 대한 분노와 미움 때문에 몹시 피로웠다. 마치 이 넓은 세상에 나 혼자 덩그러니 서 있는 것 같았지. 그러나 시간이 흐르면서 모든 문제는 나 자신에게 있다는 것을 알게 되었다.

현실을 있는 그대로 받아들이려고 노력하고 있다. 주님께서 도와주실 거라 굳게 믿고 있다. 과거의 내가 죽기를 매일같이 기도하며, 내가 지금 여기에 왜, 무엇 때문에 왔는지를 매일매일 묵상하고 있다. 그리고 주님이 나를 이곳으로 부르신 이유를 찾고, 그 부르심에 평생을 바치려고 결심했다.

어머니께 자주 연락드리고 찾아뵙도록 해라. 그럼 기쁜 부활을 맞이하고 너희의 영육 간의 건강을 위해 열심히 기도하마.

형으로부터

인간은 너무나도 나약한 존재이기에 때때로 무언가에 중독되곤 한다. 이를 극복하는 과정 안에서 누군가의 지지와 격려는 큰 힘이 되어 준다. 나의 어머니 역시도 알코올 의존증을 겪고 있는 형을 위해 매일 기도를 바치시곤 했다. 그 기도 덕택일까. 얼마 후 형은 알코올 의존증을 극복했다. 그리고 지금은 알코올 의존자들을 위한 사목을 하고 있다. 나는 형의 인간적인 노력도 노력이지만, 이 모든 걸 하느님께서 하셨다고 믿는다. 태어나면서부터 눈먼 사람이 하느님의 영광을 드러냈듯(요한 9,1-41 참조), 형의 알코올 의존증도 당신 도구로 쓰셨다고 말이다. 형은 자신의 아픈 경험을 통해 알코올 의존자들과 교감하며 그들의 마음을 진심으로 헤아릴 수 있게 되었다. 이처럼 하느님께서는 우리의 아픔과 상처를 보듬어 안아 주시고, 이를 봉헌하여 당신께 나아갈 수 있도록 이끌어 주신다. 살아가면서 인간의 마음 하나하나를 헤아리시는 하느님의 사랑을 깨닫게 되는 순간이 있다. 그때마다 형이 편지 첫머리에 적어 보냈던 시편 구절을 가만히 외워 본다.

"인간이 무엇이기에 이토록 기억해 주십니까? 사람이 무엇이기에 이토록……."

# 내 낡은 서랍 속의
# 기억

얼마 전 지인의 장례식에 다녀왔다. 많은 이들이 돌아가신 분과 마지막 인사를 나누며 눈물을 흘렸다. 지금은 이별을 슬퍼하지만 시간이 흐르면 이 기억조차 희미해질 것이다. 이런 생각에 잠겨 있다 보니 마음이 아려왔다. 반면 오랜 시간이 흘렀어도 결코 잊을 수 없는 추억도 있다. 어쩌면 인간이 인간다운 것은 기억하기 때문이 아닐까. 사람들은 기억이라는 매개체로 지금 이 순간을 다시 새롭게 만난다. 또 과거에는 알지 못했던 깨달음을 얻기도 한다.

누구에게나 죽는 순간까지 잊히지 않는 사람이나 장소, 사건이 있을 것이다. 이는 그에게 중요한 의미를 지닐 것이다. 또한 누군가 세상 어디에서 나를 기억하고 있다는 사실은 얼마나 고마운 일인가. 특히 누군가에게 좋은 기억으로 남아 있는 것처럼 기쁜 일은 또 없을 것이다.

서울로 돌아오는 열차 차창 밖으로는 어느새 어둠이 내리고 있었다. 바람 소리가 들리고 간간이 늦가을비도 처량하게 내리고 있었다. 나는 가방 안에서 책 한 권을 꺼냈다. 손에 잡힌 것은 작가 정채봉 선생님의 책이었다. 책을 읽다가 책 안쪽 표지에 선생님이 친필로 써 준 인사말과 사인을 보고 잠시 상념에 잠겼다.

선생님을 처음 뵌 것은 10년 전쯤이었다. 나는 그때 〈서울주보〉 '불기둥'란에 원고를 쓰고 있었는데, 연말을 맞아 주보 필자들이 함께 모여 점심 식사를 하는 자리가 마련되었다. 당시 '간장종지'란을 맡고 있었던 선생님도 함께했다. 자그마한 키에 마치 미소년처럼 맑은 모습이었다. 겸손하고 천진한 그 모습이 한눈에도 무척이나 친근해 보였다. 선생님은 두 시간 넘게 계속된 식사 자리에서도 별로 말씀이 없었다. 가끔 허스키한 음성으로 웃으며 몇 마디 거드실 뿐이었다. 많은 이야깃거리를 가지고 있지만 절제하는 듯 보였다. 그런 모습이 퍽 인상적이었다. 그 이후에도 가끔 명동 성당 마당에서 우연히 마주치면 소년 같은 모습으로 수줍게 인사를 건네셨다. 그 후로 그분의 글을 더 좋아하게 되었다.

선생님은 간암 투병 중에 마지막 순간까지 작가인 따님과 함께 연작 동화를 집필하셨다고 한다. 천진한 동화 작가였던 그분은 하얀 눈이 온 천지에 내리던 날 조용히 눈을 감았다. 선생님은 평소에 "중요한 것은 눈에 보이지 않는다."라는 이야기를 했다고 한다. 그래서 눈에 보이지 않는 내적인 것을 보려고 노력했던 그분의 글에는 많은 철학적 의미가 담겨 있으며, 수정처럼 맑고 투명하게 느껴진다. 세상을 바라보는 작가의 시선이 글 속에 고스란히 담겨 있기 때문이다.

나는 잠시 옛 생각에 잠겨 혼자 미소를 지었다. 마치 낡은 서랍 속에 간직했던 옛 편지를 읽어보는 것만 같았다. 이제는 기억 속에서 만날 수 있는 많은 이들. 그래도 그들이 있어 행복하다. 기억은 하느님께서 주신 큰 은총이라 했던가. 차가운 바람 한 줄기, 창가에 흐르는 빗방울마저도 내 마음을 시리도록 아름답게 만들어 준 날이었다.

# 만남과 이별,
# 그 쓸쓸하고도 찬란한

　인생은 만남과 이별의 연속이다. 인간은 인생에서 수없는 만남과 이별을 겪으며 행복과 고통, 슬픔이 교차하는 걸 느끼곤 한다. 만남으로 인한 행복이 강렬할수록 헤어짐에 대한 두려움과 고통도 크다. 만남과 헤어짐을 경험하며 인간의 유한함과 인연의 한계를 깨닫게 되기도 한다. 아픔은 시간이 지나면 사그라지지만 이별에 관한 기억은 오래도록 머문다. 때로는 이 아픈 기억이 위로가 될 때도 있다. 떠난 이의 빈자리를 통해 진정한 가치와 의미를 깨닫게 되기도 하고, 과거에는 느끼지 못했던 아름다움과 가치를 흐르는 시간에서 깨닫기도 한다. 그래서 추억은 늘 아름답다고 하는지 모르겠다.

지금은 이름조차 아련해진 이들과의 만남과 사랑 그리고 이별……. 설령 아프고 고통스러운 기억이라 할지라도 더없이 소중하다. 그 모든 것이 나 자신의 일부이기 때문이다. 그리고 나의 일부를 차지한 그 기억은 중요한 교훈을 준다. '내가 살고 있는 지금, 발을 딛고 있는 바로 여기, 잠깐이라도 스친 사람들이 얼마나 소중한가.' 이별은 만남의 끝이 아닌 또 다른 시작이라는 말이 있다. 제자들 역시도 예수님을 떠나보내고 난 뒤에야 그분과의 진정한 만남을 이루게 되었다. 그래서 만남 속엔 이별이, 이별 속엔 또 다른 만남이 존재한다고 하나 보다.

만남과 이별을 생각할 때면 떠오르는 기억이 있다. 고등학교 1학년 때였던 것 같다. 새해를 맞아 성당 학생회에서 명동에 있는 샬트르 성바오로 수녀회 안에 있던 고아원을 방문했다. 우리는 선물 꾸러미를 들고 수녀님의 안내에 따라 큰 방으로 갔다. 그곳에는 유치원에 갈 나이도 안 된 어린아이들이 수십 명이나 있었다. 아이들은 처음에는 낯선 우리를 경계했지만 시간이 지나자 다가와 안기기도 하고 놀기도 했다. 그 모습이 지금도 눈에 선하다. 어느덧 고아원을 떠나야 할 시간이 되었을 때, 한 아이가 나를 붙잡고 떨어지지 않으려고 했다. 펑펑 우는 그 아이를 간신히 떼어 놓고 서둘러 그곳을 빠져나왔다. 그 모습을 뒤로 하고 돌아오는 내내 눈물이 흘렀다. 얼마나 사람의 손길이 그리웠으면 그랬을까 싶었다.

살아가면서 가끔 세상 천지에 아무도 없는 듯 외롭게 느껴지는 순간이 있다. 사랑하는 이와의 이별, 믿었던 이의 배신, 친구들의 몰이해를 겪는 순간이 그렇다. 사실 어떤 의미에서 우리는 참아버지이신 하느님을 알고, 그분 안에 안주하기 전까지는 영적으로 고아라고 할 수 있다.

사랑하는 이와의 이별은 쓰라린 아픔이다. 예수님께서도 사랑하는 제자들과 이별하며 이런 위로를 건네신다.

"나는 너희를 고아로 버려두지 않고 너희에게 다시 오겠다."(요한 14,18)

그분은 힘난한 세상에서 우리를 홀로 버려두지 않겠다고 약속하신다. 그래서 힘든 순간마다 자연스레 이 말씀을 떠올린다. 영원한 이별이 아닌 또 다른 만남이 이어지리라는 걸 알기 때문이다. 그래서일까. 예수님께서는 어떤 만남이든지 서로 적당히 사랑하는 게 아니라 당신처럼 사랑하라고 당부하신다(요한 15,9-17 참조).

이 사랑은 목숨까지도 내어놓을 정도로 치열하다. 물론 말처럼 쉽지는 않다. 내 마음에 거센 미움과 증오의 바람이 휘몰아치는데 목숨을 내어놓는 사랑이 과연 가능할까? 세상 사람들 눈에는 예수님처럼 사랑하는 행동이 어리석어 보이고, 손해를 보는 일처럼 느껴질 수도 있다. 그럼에도 주님께서는 우리에게 사랑하라고 거듭 말씀하신다. 수많은 만남과 이별이 주는 교훈은 결국 사랑이 아닐까 싶다.

30여 년 전, 고아원에서 내 소매를 붙잡고 울던 그 아이는 지금쯤 어디에서 무엇을 하며 살고 있을까. 작은 인연도 결코 작은 것이 아니라는 생각이 새삼스럽다.

## 아직 띄우지 못한 편지

 연수야, 벌써 10년이라는 시간이 훌쩍 지났구나. 네가 살아 있었다면 결혼해서 가정을 꾸리고 사랑스러운 아이를 한둘쯤 두었을까. 아니면 멋진 화가가 되었거나 훌륭한 미술 선생님이 되었을 것 같다.

 1994년 10월 하순, 성수대교 붕괴 사고로 우리나라의 모든 국민이 분노와 참담함, 그리고 슬픔에 잠겨 있을 때였지. 사건이 있고 난 그 주간의 토요일쯤이었어. 조간신문을 뒤적이던 나는 성수대교 붕괴 사고로 딸을 잃은 부모님이 오열하는 모습과 교복을 입은 여학생이 담긴 사진을 보았단다. 사진에는 〈연수야, 내 딸아!〉라는 제목이 붙어 있었지. 사진 속에는 너와 그리고 아버지, 어머니가 있었지. 낯익은 얼굴 같아서 곰곰이 생각해 보다가 기억이 떠올랐다.

몇 년 전 네가 초등학교를 다닐 때였을 거야. 나의 형 신부님은 군종 제대를 하고 첫 본당으로 길동 성당에 부임하셨지. 그래서 나도 그때 여러 번 그 성당을 방문했는데, 임시 사제관으로 쓰던 아파트에서 열심히 성당 봉사를 하셨던 네 부모님을 자주 만날 수 있었지. 너도 한두 번 본 것으로 생각이 된다. 기억 속의 너는 작고 깜찍한 예쁜 소녀였지. 시간이 흘러 잊고 있었는데, 신문 속의 '연수'가 너라는 걸 알고 깜짝 놀랐다.

사고로 세상을 떠난 많은 무학여고 학생들 중에서 네가 특별히 기사에 나오게 된 이유가 있었어. 네가 세상을 떠나기 사흘 전 아버지께 써 놓은 편지 때문이란다.

하지만 그 편지를 전하지 못하고 16세의 꽃다운 나이에 하늘나라로 떠나게 되었지만······.

너는 미대를 지망해서 방과 후에 화실 두 곳에서 공부를 했다고 들었단다. 화실이 끝나는 시간에 맞추어 부모님이 너를 승용차로 데리러 오셨다지. 그런데 어느 날 아빠가 1시간이나 늦게 도착하셨고, 추위에 떨었던 너는 짜증을 내고 말았지. 예의 없는 태도에 화가 난 아빠는 호되게 꾸지람을 하며 네게 매를 들었다고······. 그리고 너는 며칠 후 아버지께 편지를 썼지. 사고 당일 새벽 2시경 이 편지를 썼다고 들었다.

∾∾∾

사랑하는 아빠 보세요.

아빠, 저는 요즘 얼마나 마음이 아픈지 모릅니다. 아빠가 저를 때리셨을 때 제 마음보다 백배 천배나 더 마음이 아프셨을 아빠를 생각할 때마다 눈물을 감출 수가 없습니다.

하지만 아빠! 저를 때리신 것이라 생각하지 마세요. 제 속에 있는 나쁜 것들을 때려서 물리치신 거라 생각하세요. 이런 기회도 주어지지 않는다면 설사 고통과 피로움이 따를지언정 아빠가 저를 얼마나 사랑하시는지 또 제가 얼마나 더 발전되어야 하는지를 모르고 지날 수도 있었겠지요. 아빠가 얼마나 힘드신지도 모르고…….

저를 혼내신 것, 마음 깊숙이 피로움이 있으시다면 아빠, 저를 위해서 한번 더 마음을 풀어 주지 않으시겠어요? 아직은 덜 익은 열매지만 비바람과 천둥, 번개, 서리를 이겨 낸 아주 멋진 열매로 아빠 앞에 설 수 있도록 노력하겠습니다.

아빠, 부족한 저를 사랑해 주셔서 감사합니다.

그리고 정말로 제 마음이 아픈 만큼이나 저도 아빠를 사랑합니다. 아빠, 이제 저도 잘할게요.

아빠! 즐겁게 해 드리겠어요. 이제부터! 아빠도 파이팅!

1994년 10월 20일

아빠를 사랑하는 연수가 드려요.

  결국 네 아빠는 이 편지를 네가 하늘나라에 가고 나서야 읽을 수 있었단다. 싸늘하게 식은 네 시신 곁에 있는 책가방에서 이 편지를 발견했으니까. 그 마음이 얼마나 아팠을까. 아빠는 너를 하늘나라에 보낸 후 살아갈 의미를 잃고 말았단다. 눈에 넣어도 아프지 않을 사랑하는 딸을 잊지 못해 결국 병을 얻으셨지. 그러다가 사랑하는 너를 하루라도 빨리 보고 싶으셨는지 몇 해 뒤에 하늘나라로 가셨다는 이야기를 들었다.

  성수대교는 언제 그런 참사가 있었나 싶을 정도로 말끔히 복구되었단다. 나는 지금도 성수대교를 지날 때마다 희생자들을 위해 성호를 긋고 화살기도를 바치곤 해. 하늘나라를 믿고, 영원한 생명을 믿는 우리들의 신앙이 얼마나 고마운지를 다시 한번 깨닫게 되는 순간이지. 그리고 햇살에 반짝이는 강물을 바라보며 마음속으로 네게 묻곤 한단다.

"연수야, 하늘나라에서 아빠하고 행복하게 지내고 있지?"

# 너른 바다 같았던
# K신부님께

 신부님, 가을이 깊어 갑니다. 건강은 어떠신지요? 가을은 결실의 계절이라고 입버릇처럼 되뇌어 봅니다. 그렇지만 지금까지 살아온 삶을 되돌아보면 이렇다 할 열매가 보이지 않아 초조하기조차 합니다. 신부님, 사람과 사람이 만나면 반드시 흔적을 남긴다고 하셨죠? 그 흔적은 기쁨이나 행복, 고통이나 상처로 구별된다고 하셨습니다. 그 누구와의 만남이든 상처나 고통을 주기보다는 작은 기쁨과 도움이 되길 바랍니다. 사실 모든 만남은 우연이라고 하기에는 너무 많은 신비가 숨 쉬고 있습니다. 사람은 사람에게 가장 큰 영향을 받기 마련입니다. 만남의 의미는 참으로 일생의 가장 큰 축복이라고 생각합니다.

지금 생각해 보면 신부님과 함께 지냈던 시간이 저에게는 큰 행운이었습니다. 사람을 만나서 함께하다 보면 시간이 지날수록 약점이 더 눈에 띄고 실망도 더 하기 마련입니다. 하지만 신부님과의 만남은 반대였습니다. 신부님은 참으로 사람을 소중하게 여기셨습니다. 어떤 사람도 늘 한결같이 대하시는 고매한 그 인품에 저절로 머리가 숙여졌지요. 저는 신부님이 사람들을 대할 때 화를 내고 얼굴을 찡그리시는 것을 별로 보지 못했습니다. 언제나 늘 잔잔한 미소로 대해 주셨지요. 그 모습을 보는 것이 제게는 작은 기쁨이었습니다.

신부님, 기억하실는지요. 어느 날, 본당의 어려운 일로 신자들과 난상 토론을 벌인 적이 있었습니다. 신자들간에 의견 대립이 거세어지고 자칫하면 큰 싸움으로 번질 정도로 험악한 분위기였습니다. 그때 한 젊은 형제가 공개적인 자리에서 신부님을 격렬히 비난했습니다. 옆에서 보기에도 그 행동은 예의에서 벗어났었죠. 다른 신자들이 만류할수록 그 형제의 목소리는 더 커지고 감정은 절제되지 않았습니다. 그때 신부님은 어떠한 미동도 없으셨습니다. 그런 상황에도 자리를 뜨시지 않고 몇몇 신자들의 비난을 가만히 듣고 계셨습니다. 신부님은 너무나도 의연하셨습니다. 시간이 지나자 욕설 담긴 비난을 가했던 이들도 감정이 사그라져 결국 신부님께 용서를 청했지요. 그날 신부님의 모습은 오랫동안 제 기억에서 사라지지 않았습니다. 보통 사람으로서는 보기 힘든 인내심과 고매한 인격을 보여 주셨기 때문입니다.

토론이 끝나고 사제관 식당에서 저와 마주 앉은 신부님은 "허 신부, 수고했어. 힘들었지? 사실은 나도 무척 힘들었어. 물이나 한 잔 주겠나?" 하시는 것이었습니다.

사실 그때 물을 가지러 돌아서며 마음속으로 많이 울었습니다. '이렇게 힘든 것이 사제 생활이구나.' 하는 생각과 자신을 죽이려고 애쓰시는 그 모습이 너무나도 가슴 아팠습니다.

신부님, 사제로 산다는 것, 참다운 사제로 산다는 게 참으로 힘들게만 느껴집니다. 삶이라는 건 이론이나 체계가 아니라 살면서 터득되기에 더 그런 것 같습니다. 선배 신부님들을 뵐 때, 오랜 시간을 사제로 살아가고 있다는 그 자체만으로도 머리가 숙여집니다. 사제도 약점을 지닌 한 인간이기에 어쩔 때는 실수와 잘못을 저지르기도 합니다. 신부님 말씀대로 신자들이 바라는 이상적인 사제는 어쩌면 한 명도 존재하지 않을지 모릅니다. 그럼에도 불구하고 "우리는 사제로 되어 가야 하는 존재여야 한다."라고 하셨죠? 또한 사제는, 특히 젊은 사제들은 쉽게 현실과 타협하지 않는 고매한 자세와 높은 이상, 때 묻지 않은 순수, 그리고 끊임없는 자기 항거가 필요하다고도 하셨습니다. 바로 그것이 세상의 물질이나 유혹의 거센 도전을 이길 수 있는 힘이라고요.

그러나 한 해 두 해 살아가면서 현실에 안주하려고 하는 마음과 귀에 거슬리는 이야기는 들으려 하지 않는 편협함이 자리 잡으려 합니다. 신학교 시절에 거듭 다짐하던 사제상과 지금 저의 모습에는 거리가 있음을 부정할 수 없습니다. 얼마 전 한 초등학생이 제게 다가오더니 심각한 얼굴로 물었습니다.

"신부님, 외로우시죠?"

"왜 그렇게 생각하니?"

제가 묻자 그 아이는 이렇게 대답했습니다.

"늘 혼자 계시고, 가족도 없으시잖아요."

어린아이의 눈에도 사제의 삶이 고독하게 보였나 봅니다. 인간이 고독을 이겨 내는 것은 결코 쉬운 일이 아니라고 생각합니다. 어쩌면 모든 인간의 평생 숙제겠지요. 그런 의미에서 신부님은 저희 모두의 귀감이십니다.

신부님은 늘 혼자였지만 혼자가 아니셨습니다. 고독해 보이신 적도 없었습니다. 가끔 용무가 있어서 신부님 방에 들러 보면 신부님은 늘 기도를 하시거나 독서를 하고 계셨지요. 혼자 산책을 나가도 늘 넉넉하고 여유로운 모습이셨던 게 기억납니다. 이런 모습은 신부님께서 각고의 노력 끝에 이룬 결과라고 생각됩니다.

신부님은 정말 하느님과 인간을 사랑하시는 분이십니다. 늘 마음속에 주님의 모습을 담고 계시는 신부님이 그래서 더 그립고 존경스럽습니다. 저도 그러한 삶을 살고 싶습니다. 너른 바다 같은 신부님처럼 여유 있고, 넓고, 깊은 마음을 가진 사람으로 살고 싶습니다. 이러한 만남이 축복임을 느끼며 이만 줄입니다.

# 03

생각하다

## 선한 마음을
## 믿는다는 것

 

1998년 12월 26일 오전 10시. 혜화동 가톨릭대학교 성당에서 스테파노라는 신학생의 장례 미사가 봉헌되었다. 그날은 그의 영명 축일이기도 했다. 스테파노는 착하고 훌륭한 학생이었다. 나는 미사 내내 스테파노의 상본에서 눈을 뗄 수 없었다. 앞면에는 수단을 입은 스테파노의 밝은 모습이 담겨 있고, 뒷면에는 짧은 약력이 적혀 있었다.

"1972년 4월 26일 서울 출생. 1991년 3월 1일 대신학교 입학. 1997년 3월 1일 착의, 독서직. 1997년 10월 휴학. 1998년 12월 23일 선종."

꽃다운 청춘의 발자취였다. 젊은이들의 장례 때마다 마음속에서 반복되는 질문이 있다. '하느님께서는 왜 하필 젊디젊은 이 영혼을 데려가셔야 했을까?' 아무리 생각해도 답을 찾을 수는 없었다. 그런 상황에 부딪힐 때마다 절감하는 건 인간의 한계다. 인간이란 존재는 근본적으로 힘없고 가엾은 존재라는 생각을 지울 수 없었다. 그래서 인간에게는 기도가 더 필요한지도 모르겠다. 미사 내내 마음속으로 기도했다. 이것만이 세상을 떠난 스테파노를 위해 내가 할 수 있는 유일한 일이었다. "주님, 이 불쌍한 영혼을 버리지 마시고 평안을 누리게 해 주소서."

스테파노와 처음 만난 것은 1996년 봄 즈음이다. 그때 스테파노는 군 복무를 마치고 신학과 3학년에 복학했을 때였다. 그는 당시 내가 영성 지도를 담당하고 있던 스무 명 정도의 신학생들 중 한 명이기도 했다. 영성 지도는 한 달에 한 번 개인 면담을 해서 신학생들과 더 가까이 만나게 된다. 스테파노와는 첫 만남부터 솔직하고 거리낌 없이 대화를 나눌 수 있었다. 그는 보는 이의 마음까지도 즐겁게 하는 선한 얼굴의 청년이었다. 시원스레 큰 키에 잘생긴 얼굴과 맑은 두 눈이 돋보였다. 하지만 그의 매력은 외적인 모습보다 내적인 면에 있었다. 그는 특별히 가난한 이들에게 관심이 많았는데, 그 관심은 단순한 동정심 이상이었다. 나는 스테파노와 대화를 나눌 때마다 가난한 이들에 대한 깊은 사랑을 갖고 있으며, 그들과 함께하고자 하는 마음이 진심이라는 걸 알 수 있었다.

그러던 1997년 초가을, 스테파노가 운동 중에 갑자기 쓰러져 입원했다는 소식을 들었다. 그때까지도 조금 과로했으려니 생각했다. 마침 병원을 방문해야 할 일이 있어서 스테파노도 볼 겸 병실을 찾았다. 그때 우연히 스테파노의 주치의를 만나 그의 병세를 물어보았다. 의사는 조심스럽게 악성 뇌종양이라고 알려 주며, 상황이 몹시 좋지 않다는 이야기를 덧붙였다. 종양이 너무 커 수술도 장담할 수 없다는 것이다. 뜻밖의 충격적인 이야기에 내 마음은 얼어붙는 것만 같았다. 힘없이 그의 병실로 갔는데 스테파노는 없고, 이름표만 덩그러니 걸려 있는 빈 침대만 있었다. 다른 병실에 가 있다는 이야기에 옆 병실로 가 보았다. 스테파노는 누워 있는 한 환자의 손을 잡고 따뜻하게 위로하고 있었다. 그 모습이 참 아름다워 보였다. 사람은 아플 때 더 외롭고 고독하다. 그런데 스테파노는 오히려 다른 환자들을 위로하고 있었다. 나를 본 스테파노는 빙그레 웃으며 인사를 했다. 잠시 이야기를 나누고 돌아서려는데, 스테파노는 병원 입구까지 나를 배웅해 주었다. 나는 나지막한 목소리로 말했다.

"스테파노, 너무 걱정하지 마. 잘 될 거야……."

"신부님. 다음 달 영성 면담 때는 학교에서 뵐 수 있을 거예요."

스테파노는 자기 병세를 전혀 모르는 듯 명랑하게 대답했다. 그러나 그는 끝끝내 학교로 돌아오지 못했다. 며칠 후 수술을 받은 뒤에 끝내 깨어나지 못한 것이다. 그리고 1998년 주님 성탄 대축일을 하루 앞두고 하늘나라로 떠났다. 그때 만남을 마지막으로 우리는 병원 입구에서 긴 이별을 한 셈이 되었다.

늘 아프고 소외된 이들과 함께하고자 했던 아름다운 청년 스테파노. 투병 중에도 병원에서 다른 환자들을 따뜻하게 위로하던 그의 모습을 떠올리면 여전히 마음 한 켠이 아려 온다. 하지만 스테파노의 그 선한 마음은 여전히 그를 기억하는 많은 이들의 마음속에 영원히 살아 있다.

## 믿을 수 있다는 은총

첫 보좌 신부 때, 본당 구역 내에 10년 넘게 중풍으로 투병 중인 은퇴 신부님이 한 분 살고 계셨다. 신부님은 누군가의 도움 없이는 걷거나 일어나지도 못할 정도로 병세가 심하셨다. 처음으로 신부님 댁을 방문했던 날이 지금도 생생하게 기억난다. 신부님은 한복을 곱게 차려입으시고 지팡이를 짚은 채 대문 앞에 서서 나를 기다리고 계셨다. 다음 달에도 신부님은 밖에서 나를 기다리고 계셨다.

"신부님, 힘들게 왜 밖에서 기다리셔요. 편하게 안에 계시지요."

그러자 신부님은 환하게 웃으시며 이렇게 대답하셨다.

"아니야. 한 달에 한 번 예수님을 모시는 건데 어떻게 집 안에 앉아서 기다릴 수 있겠나?"

순간 코끝이 찡해졌다. 신부님은 영성체 전에 항상 고해성사를 보셨다. 하늘 같은 선배 신부님이 햇병아리 새 사제 앞에 무릎을 꿇고 고해를 하시다니. 신부님은 머리를 숙이시고 손자 같은 신부의 훈계를 열심히 들으셨다. 그분의 깊은 신앙심에 절로 고개가 숙여질 수밖에 없었다. 어느 날 신부님은 환자 영성체가 끝난 뒤에 이렇게 말씀하셨다.

"허 신부! 난 요즘 밤이 되면 너무 고통이 심해서 하느님께 원망을 많이 해. 참지 못할 정도로 고통이 심해지면 하느님께 대한 믿음을 버리고 싶을 정도야. 내가 이 고통 때문에 신앙을 버릴까 봐 두려워. 그러니까 미사 때 날 좀 특별히 기억해 줘. 요즘 눈을 감으면 예수님께서 십자가에서 목마르다고 외치시는 모습이 자꾸 떠올라. 내 병이 낫기를 기도하지 말고 죽음의 문턱에서도 믿음을 버리지 않도록 기도해 주게나."

이 말씀을 들으며 신앙을 지키는 것은 오로지 하느님의 은총임을 깨달았다. 그리고 얼마 후, 신부님은 세상을 떠나셨다. 당신의 고통이 덜어지길 청하는 게 아닌, 믿음을 지킬 수 있도록 기도를 청하시던 그 모습이 지금도 눈에 선하다. 신부님은 내게 그리스도인으로서 살아간다는 것이 무엇인지, 또 믿음의 은총에 대해 일깨워 주셨다.

사실 그리스도인으로 산다는 것은 세상을 향한 도전이기도 하다. 우리가 추구하는 가치는 세상의 것과는 다르기 때문이다. 하지만 건강과 부, 지위를 얻었을지라도 인간은 깊은 마음속에서 늘 참된 영혼을 갈구한다. 그 목마름은 세상의 어떤 가치로도 채울 수 없다. 세상의 가치는 늘 한계가 있고 변하기 때문이다. 하지만 신앙은 절망 속에서도 희망의 빛을 비추어 준다. 예수님께서는 인생의 사막에서 영혼의 갈증을 느끼는 우리에게 말씀하신다.

"여기에 물이 있다. 나에게 와서 사랑과 기쁨과 행복의 샘물을 마음껏 마셔라!"

# 사제의 길,
# 사제의 삶

"사제로 사는 것보다 사제로 죽는 것이 더 힘들다는 것을 늘 기억하십시오."

나의 첫 미사 강론 때 선배 신부님이 해 주신 이야기다. 평생 동안 한길만을 충실하게 걸어간다는 게 쉬운 일은 아니다. 이는 삶의 방향과 가치를 결정해 주기 때문에 인생에 있어 중요한 문제다. 사제는 평생 가난과 고독을 행복의 철학으로 여기며 살아야 한다. 그러기에 하느님을 향한 믿음 없이는 하루도 살 수 없다.

오래전, 피정 중 휴식 시간에 선배 신부님들께 들은 이야기가 있다. 선배들이 보좌 신부로 사목하던 1960년대의 경험담이었다.

"우리 몇몇 신부들이 휴가 때 전방에서 군종 사제로 사목하는 동창 신부를 방문했어. 흙먼지가 이는 비포장 도로를 달려 물어물어 찾아갔지. 쓰러져 가는 초가집에 도착하니 그 집이 사제관이라는 거야. 우리는 그 초가집 마루에 앉아 그 친구가 돌아오기만 기다렸지. 저녁 무렵이 되어서야 돌아오더군. 우리와 반갑게 인사를 하고는 부엌으로 들어가더니 직접 쌀을 씻어 밥을 지어 주었어. 그러고는 '반찬이 없어 미안하다.'라고 하면서 겸연쩍게 씩 웃더군. 그날 밤새도록 학창 시절을 떠올리며 이야기꽃을 피웠지. 새벽녘에 잠을 자려는데 이불도 변변치 못해 참 마음이 아팠어. 다음 날 버스 터미널에서 아쉬운 작별 인사를 나누는데 그 친구가 급하게 어딘가를 가는 거야. 그러더니 차창을 두드리곤 '가면서 심심할 때 먹어.'라고 하면서 음료수 몇 개와 삶은 달걀을 건네주었지. 아쉬운 마음에 오랫동안 손을 흔들었던 기억이 나. 그런데 그게 마지막이었어. 얼마 후에 그 친구는 전방에서 미사를 마치고 사제관으로 돌아오다가 교통사고로 세상을 떠났거든. 그놈, 그때 고생 참 많이 했어. 그래도 주님 일을 하다가 하늘나라에 갔으니 행복할 거야."

선배 신부님들의 눈가에는 이슬이 맺혔다. 그 이야기를 들으며 인생의 참된 행복은 부귀영화에만 있지 않다고 느꼈다. 세상에는 많은 유혹이 있다. 그리스도인들이 겪는 유혹 중 하나는 주님의 길과 반대로 가면 고통을 피할 수 있다는 것이다. 가끔 사제들도 이런 유혹과 맞닥뜨린다. 사제 역시도 부족함을 지닌 인간이기에 때로는 이 길을 걷는 게 어렵고 힘이 들기도 한다. 그럼에도 불구하고 모든 사제들은 삶의 마지막 순간에 사제로 죽길 소망한다. 물론 이는 주님의 은총과 도우심이 있어야 한다.

신자들은 사제에게 많은 기대를 건다. 강론도 잘하고 언제나 자애로우며, 어떠한 사목이라도 잘 해내는 유능하고 훌륭한 사제를 원한다. 하지만 사제도 한계를 지닌 인간이다. 착하고 완벽한 사제는 하늘에서 떨어지는 게 아니라, 교회 공동체의 노력과 기도를 통해 양성된다면 지나친 말일까?

사제는 사제품을 받는다고 완성되는 게 아니다. 요한 바오로 2세 성인 교황은 매일 성찬례에서 영적인 힘을 새로 얻는다고 하였다. 무엇보다 중요한 것은 성찬례 안에서 그리스도와 일치하는 것이다. 그리고 사제가 매일의 성찬례에서 그리스도의 말씀의 능력과 신비를 재발견할 때 사제 성소의 아름다움을 체험하게 된다. 요한 마리아 비안네 성인은 "사제는 예수 성심의 사랑"이라고 했다. 사제의 신앙적인 삶으로 보여 주는 감동적인 증언보다 더 고귀한 것은 없을 것이다.

"주님, 모든 사제들을 사도들의 모후이시며 사제들의

어머니이신 성모님께 봉헌합니다. 그들이 주님의 길을 더욱 충실히 걷다가 사제로 눈감을 수 있는 은총을 허락하소서. 아멘."

# 홀로 가야 하는
# 그 길에 선 당신에게

　사랑하는 J신부님! 사제 서품 축하드립니다. 무척 자랑스럽고 감격스럽습니다. 우리가 처음 만난 지도 벌써 20여 년이 훌쩍 지났네요. 그때 신부님은 초등학생으로 내 미사 때 복사를 섰지요. 가끔 마당에서 함께 신나게 공을 차며 놀기도 했고요. 내가 그 본당을 떠날 때 신부님의 큰 눈에 눈물이 그렁그렁하던 모습이 생각납니다. 그때 신부님이 고사리손으로 쓴 편지를 아직도 간직하고 있습니다.

"나는 착한 목자다. 착한 목자는 양들을 위하여 자기 목숨을 내놓는다."(요한 10,11)라고 하셨던 예수님처럼 신부님도 착한 목자가 되어 주십시오. 사제직은 한마디로 봉사직입니다. 그리스도께서 당신을 죽기까지 낮추시면서 하느님께 봉사하신 것처럼, 신부님도 그리스도와 교회를 위해 봉사해야 합니다. 그 봉사의 삶이 사제직의 행복이고 보람이라는 사실을 항상 잊지 마시기 바랍니다. 신부님은 오래전 인간이 갈 수 있는 수없이 다양한 길 중에서 '사제'라는 길을 택해 발을 들여놓았습니다. 그 이후 복음 전파자로 발돋움하며 세상의 빛과 소금이 되고자 기쁨과 눈물의 세월을 잘 견디었습니다. 생각해 보면 사제가 된다는 것은 정말 엄청난 일입니다. 그래서 어느 선배 신부님은 "사제는 가난과 고독을 스스로 택해서 일생을 살아가는 사람"이라고 말씀하셨지요. 그리고 늘 이 말씀을 소중히 여기며 살아왔습니다.

신부님은 오늘 오랫동안 준비하고 기다렸던 사제품을

받았습니다. 그렇지만 앞으로도 먼 길을 가야 합니다. 사제는 사제 서품으로 완성되어 끝나는 게 아니라 오히려 시작하는 것입니다. 그동안 짧은 지식의 자로 하느님을 이리저리 재어 보며 회의와 갈등도 했을 것입니다. 수많은 밤을 고민으로 지새우기도 했겠지요. 때로는 시간이 답을 주지 못할 때도 있습니다. 이제껏 그랬듯이 이상과 현실, 사랑과 미움, 성聖과 속俗의 괴리를 느끼며 갈등할 것입니다. 그러나 희망과 용기를 잃지 마십시오. 현실에서 도피하고 싶을지도 모릅니다. 하지만 가난과 고독을 행복으로 여기는 것은 어쩌면 사제만이 갖는 행복의 철학입니다.

사제의 길로 첫발을 내딛는 이 순간, 두려움과 기쁨이 공존할 것입니다. 늘 삶을 지혜로 가꾸고, 인내로 견디며, 용기로서 삶을 빛내시기 바랍니다. 어느 시대, 어느 국가, 어느 공동체에서 아무런 수고 없이 삶의 열매가 주어지겠습니까? 인간으로서의 완성은 죽는 날까지 매진해야 되는 과제입니다. 사제의 삶도 마찬가지입니다. 신부님은 끊임없이 자기 불의에 항거하여 무관심을 깨뜨리고, 아집을 증오하고, 다른 이의 잘못을 용서해 주어야 합니다. 사제직은 결코 영웅적인 행위도, 실리를 위한 이기적인 행위도 아닙니다. 지속적인 응답이며, 헌신이며, 모험입니다. 그래서 사제는 권력과 명예와 재물의 거센 도전에 의연할 수 있고, 편협한 고정 관념을 넘어설 수 있습니다.

한 가지 분명한 것이 있습니다. 여태까지 그래 왔듯이 회의가 물밀듯 밀려오고 주저앉고 싶을 때도 많으리라는 사실입니다. 인생이 늘 그러하듯이 어쩌면 기쁜 날보다는 살얼음 위를 걷는 것 같은 날들이 더 많을지도 모릅니다. 그럴 때면 아침마다 졸린 눈을 비비고 쳐다보던, 신학교 성당 입구 거울에 선배들이 남겨 놓은 구절을 떠올리며 기쁨과 위로를 찾으시길 바랍니다.

"우리는 끝까지 견디어 낸 이들을 행복하다고 합니다."(야고 5,11)

# 숨어 있는
# 행복을 찾아서

 잘 아는 형제님이 큰 수술을 받고 오랫동안 입원 생활을 하게 되었다. 평소 건강했기에 중병에 걸릴 것이라고는 꿈에도 생각하지 못했다고 했다. 형제님은 몇 번이나 죽을 고비를 넘기고서야 기적적으로 조금씩 회복되어 두 달 만에 병상에서 일어날 수 있었다. 그리고 가족의 부축을 받아 겨우 걸어 다닐 수 있게 되었는데, 그때의 감격을 떠올리며 이렇게 이야기하셨다.

 "어느 날 힘들게 병원 옥상에 올라가 보았습니다. 그

런데 눈앞에 펼쳐진 가을 하늘이 너무나 아름다운 겁니다. 이제껏 하늘이 그렇게 아름답게 느껴진 적이 없었는데……. 하늘을 바라볼 수 있다는 게 너무 고마워 그만 펑펑 울고 말았습니다."

사람들은 무언가를 잃고 나서야 그 가치를 새롭게 깨닫는다. 병에 걸리고 나서야 건강의 소중함을 알게 되고, 사랑하는 사람이 떠난 빈자리를 보면서 비로소 그의 소중함을 알게 된다. 왜 우리는 인생의 진리를 항상 한 발짝씩 늦게 깨닫게 되는 것일까?

사람의 행복과 불행은 어느 한순간에 갑자기 뒤바뀐다. 기쁠 때에는 과거의 슬픔을 잊기 쉽고, 아픔을 겪을 때에는 과거의 기쁨을 잊기 쉽다. 항상 감사하는 마음을 가진 이는 불행 중에도 희망을 잃지 않고, 기쁠 때도 겸손을 잃지 않는다. 다른 이의 눈에는 초라하고 비참하게 보일지라도 삶을 소중히 여기고 가치 있게 사는 이들이 있다. 그들이야말로 진정 행복한 사람이 아닐까? 그래서 행복은 저 멀리가 아닌 아주 가까운 곳, 마음속에 있는 것이라 하는지도 모른다.

아주 오래전 특별한 삶을 살아가는 한 자매님을 만난 적이 있다. 그 자매는 태어날 때부터 뇌성마비였기에 혼자 힘으로는 조금도 움직일 수 없었고, 말하는 것조차 힘겨워했다. 그래서 신부님과 교우들이 한 달에 한 번 와 주는 것이 큰 위로가 된다고 했다. 하루는 아주 어렵게 이런 이야기를 꺼냈다.

"신부님, 저는 제 인생이 너무 보잘것없고 가치가 없다고 생각했습니다. 아무런 쓸모도 없고 주위 사람들에게 폐만 끼치는 제 자신이 몹시 원망스러웠어요. 그래서 자살도 여러 번 시도했는데, 실은 얼마 전에도 전화선으로 목을 감아 죽으려 했습니다. 제가 천주교 신자가 아니었다면 벌써 죽었을 거예요. 저는 늘 하느님과 부모님을 원망하는 마음을 지니고 있었습니다. 하느님은 세상의 모든 것을 다 쓸모 있게 창조하셨다지요? 그렇지만 저는 나를 어디에 쓰려고 만드셨는지 묻는 게 제 기도의 전부였습니다. 그런데 오늘 아침 기도 중에 하느님께서 제가 받는 이 고통으로 세상에 봉사할 수 있다는 깨달음을 주셨어요. 이것이 제 존재 이유고 행복이라는 걸 알았습니다."

나는 한 인생이 심오한 깨달음의 소리를 들었음에 감격했다. 고통을 전혀 다른 차원에서 이해하는 그 자매가 진정으로 행복한 사람이라고 생각했다. 그때 다짐했던 대로 지금도 고통받는 이들을 위해 봉사하며 자신의 삶을 내어 주고 있으리라 믿는다.

많은 이들이 진정으로 행복을 찾기를 갈망한다. 하지만 행복은 저 먼 곳이 아니라, 일상의 소소한 순간에 있는 게 아닐까 싶다. 내게 주어진 모든 것은 당연한 것도, 저절로 주어진 것도 아니다. 모든 게 그 나름대로의 이유와 목적이 있다. 다만 그 의미를 깊이 느끼지 못하고 잘 알지 못할 뿐이다. 조금만 시야를 바꾸어 내 주변을

둘러보면 이 사실을 쉽게 깨닫게 된다. 지금 이 순간 숨 쉬고 호흡할 수 있다는 것, 매주 미사에서 하느님을 만날 수 있다는 것, 다른 이를 돕는 일 속에도 기쁨과 행복이 깃들어 있다. 소소하고 평범해 보이는 일 속에도 우리가 더 기뻐하고 감사해야 할 일은 충분하다. 이런 마음을 지니고 살 때 세상은 더 아름답고 행복하다.

# 세상에서 제일가는
# 부자 할머니

보좌 신부 때 가장 힘들었던 것은 강론과 고해성사였다. 많은 이들 앞에서 강론을 하는 것과 매일 같이 신자들의 고해성사를 듣는 것이 여간 부담스러운 일이 아니었다. 그리고 또 하나는 성당에 올 수 없는 환자의 집을 방문해서 기도하고 성체를 영해 드리는 환자 영성체였다. 그 당시만 해도 차가 없었던지라 하루 종일 걸어서 환자 영성체를 하러 다녔다. 날씨가 맑고 따뜻한 날에는 그래도 괜찮은 편이었지만, 비가 오거나 눈이 내려 걷기가 어려워지면 그야말로 낭패였다. 환자 영성체가 있는 날은 점심을 거르기 일쑤였고, 신출내기였던 나는 마음이 급해 허둥대기만 했다. 이럴 때면 괜스레 몸이 무거워지기도 했다.

그러나 환자들을 자주 만나게 되면서 이런 사소한 고통은 말끔히 사라졌다. 어르신들은 아픈 와중에도 천진난만한 미소를 머금고 나를 친손자처럼 맞아 주셨다. 그때 비로소 사제의 존재 의미를 깨닫게 되었다. 다른 이들에게 작은 기쁨이라도 줄 수 있다는 것이 기뻤다. 그분들과 여러 번 만나다 보니 농담도 건네게 되고, 집안 이야기도 자연스레 나누게 되었다. 시간이 흐르면서 어르신들이 하나둘씩 세상을 떠나기도 했다. 그분들의 장례 미사를 집전하고 떠나보낼 때는 마치 가까운 친척이나 친구가 세상을 떠난 것 같은 허전함에 몰래 눈시울을 적시곤 했다.

이때 만났던 이들 가운데 가장 기억에 남는 할머니가

있다. 할머니는 중풍으로 10여 년 이상을 누워 계셨다. 한참이나 입을 움직여야 겨우 몇 마디 하실 수 있었고, 다른 사람의 부축을 받지 않고서는 조금도 움직일 수 없었다. 할머니 댁에 들어서는 순간 그분이 집안에서 소외되어 있음을 느낄 수 있었다. 더욱이 천주교 신자는 할머니 혼자였다. 이런 현실이 그분을 더욱더 외롭게 만들었을 것이다. 신자가 아닌 다른 가족들은 환자 영성체에 대해 전혀 몰랐고, 또 할머니의 신앙에 대해서도 관심이 없어 보였다. 그래서 할머니는 10년 동안이나 미사 참례와 성사 생활은 물론 신자들과 만날 수조차 없었다. 성당 가까이에 사시면서도 성당이 어디에 있는지조차 모르고 외부와 완전히 단절된 채 사셨던 것이다. 다행히도 옆집으로 이사 온 신자 덕분에 환자 영성체를 할 수 있었다. 할머니는 10년 만에 신부와 수녀, 그리고 신자들을 보자 목 놓아 서럽게 울기 시작하셨다. 10년 만에 고해성사를 보신 후 성체를 영하시고는 어린아이처럼 기뻐하셨다. 그날부터 할머니는 환자 영성체 하는 날만을 손꼽아 기다리셨다. 한번은 환자 영성체를 끝내고 돌아가려는 나에게 작은 소리로 이야기하셨다.

"신부님, 다음에 오실 때는 요구르트 한 개만 사다 주세요. 먹고 싶은데 자꾸 이불에 소변을 본다고 어멈이 사다 주질 않아요."

나는 그 이후로 환자 영성체를 할 때마다 할머니께 요구르트를 한 개씩 몰래 사다 드렸다. 그때마다 할머니의 얼굴이 어린아이처럼 밝아지곤 했다. 그러던 어느 날 할머니가 위독하시다는 전갈을 받았다. 할머니의 고해를 듣고 이마와 손에 기름을 바르면서 병자성사를 드렸는데, 마지막을 직감하셨는지 자꾸 눈물을 흘리셨다. 병자성사가 끝난 후 할머니는 꼬깃꼬깃 접은 만 원짜리 지폐 한 장과 오천 원짜리 두 장을 내 손에 쥐어 주셨다. 나는 깜짝 놀랐다.

"할머님, 왜 이 돈을 저에게 주세요?"

"나는 이제 이 돈이 필요 없어요. 신부님이 가지고 계시다가 불쌍한 사람을 위해 써 주세요."

사제관으로 돌아오면서 생각했다. '어쩌면 내게 주신 2만 원은 그 할머니가 가진 모든 것이었으리라.' 나는 그 할머니가 이 세상에서 가장 부유한 사람이라고 생각했다. 돈이나 재물이 풍족한 게 아닌 마음이 부자이셨던 분이었다.

할머니는 그해 여름이 가기 전에 세상을 떠나셨다. 장례 미사 때 손자가 할머니의 영정 사진을 들고 있었다. 사진 속 젊으신 할머니의 모습을 바라보고 있자니 문득 인생의 무상함을 느꼈다.

나는 20여 년이 지난 지금도 할머니가 남기신 때 묻은 돈 2만 원을 가지고 있다. 그리고 피정 때나 신자들을 만날 때 가끔 그 돈을 보여 준다. 그리고 그분의 이야기를 들려준다. 그럴 때면 나는 천상에 계신 할머니께서 우리와 함께 계신 것처럼 느껴진다. 그분은 세상에서 제일가는 부자 할머니로 내 기억 속에 아주 오래도록 남아 있을 것이다.

## 인간을 부르시는 하느님

본당에서 사목하던 시절, 10주간 동안 창세기로 성경 강의를 했다. 직장인들의 참여도를 높이기 위해 저녁 8시에 강의를 하였는데, 늦은 시간인데도 많은 분들이 참석했다.

그 강의에서 제일 기억에 남는 수강자 한 분이 있었다. 바로 매일 아침마다 미사에 오시는 할머니셨다. 할머니는 첫날부터 맨 앞에 앉아 계셨다. 그런데 강의가 시작되자 바로 꾸벅꾸벅 조시더니 잠드시는 게 아닌가.

사실 할머니 댁은 성당에서도 멀리 떨어져 있었다. 그때가 늦가을 무렵이라 날도 춥고 어두워서 걱정이 되기 시작했다. 실은 계속 주무시는 모습을 보는 게 신경이 쓰이기도 했다. 할머니는 3주 동안 이어지는 강의 때마다 똑같은 자리에 앉아 그대로 잠드셨다. 3주차 즈음에는 강의가 끝나자마자 할머니를 쫓아가 여쭤보았다.

"할머님, 제 강의 좀 알아들으시겠어요?"

"아휴. 나는 신부님이 이야기하는 거 하나도 모르겠어!"

차마 오시지 말라는 이야기는 할 수가 없었다. 그래서 나는 겨우 이렇게 말씀드렸다.

"고단하실 텐데 저녁 늦게 뭣 하러 성당에 오셔요. 집에서 쉬시지."

"아니야. 그래도 앉아 있으면 마음이 편해."

할머니는 고개까지 흔드시며 단호하게 말하셨다. 나도 별다른 말씀을 드릴 수 없어서 웃고 넘어 갔다. 며칠 후, 미사를 드리러 성당 마당을 지나가다가 갑자기 "앉아 있으면 마음이 편해."라고 하시던 할머니의 말씀이 떠올랐다.

'내가 여태까지 생각했던 성경 공부는 그냥 말 그대로 공부였구나!'

나는 성경도 마치 학교에서 수학이나 물리 같은 걸 공부하듯이 머리로 조목조목 이해해야 한다고 생각했다. 하느님 말씀도 지식을 쌓는 것처럼 여긴 것이다. 그러면서 신자들에게는 하느님께서는 다양한 방법으로 사랑을 말씀하신다고 말하곤 했다. 그렇지만 이를 진심으로 깨닫지 못했다는 걸 그 순간 깨달았다.

성경을 읽은 후에 다른 이들과 묵상을 나누면 같은 부분을 묵상했더라도 다 다르게 느끼고 받아들인다. 그래서 하느님의 말씀은 살아 있다. 안셀름 그륀 신부는 성경 읽기의 목적을 다음과 같이 이야기했다. "우리가 온전해지는 것, 상처가 치유되는 것, 자신의 삶과 화해하는 것. 그리고 예수님이 선포하신 하느님에 눈뜨는 것."

우리는 인간을 부르시는 하느님의 말씀에 응답한다. 그래서 성경은 믿음을 찾고 구하는 책이라 할 수 있다. 그러기에 성경을 묵상할 때에 어렵고 이해가 가지 않는다고 실망하면 안 된다. 끊임없이 주님과 대화하며 그분 말씀을 듣고자 할 때, 주님께서는 어느새 우리에게 말을 걸어오실 테니 말이다.

## 늘 그 자리에서
## 함께하시는 분

초등학교에 처음으로 등교하던 날이었다. 아버지는 나를 앞세워 신발주머니를 손수 들고 따라오셨다.

"학교에 가면 선생님 말씀 잘 들어야 한다. 친구들이랑 싸우지 말고, 화장실 가고 싶으면 꼭 선생님께 말씀드리고······."

시시콜콜한 것까지 반복해서 말씀하시는 것이 나중에는 듣기 싫어졌다. 그래서 교문에 들어서 인사도 드리지 않고 냅다 운동장을 가로질러 뛰어갔다. 운동장

끝에서 뒤돌아봤을 때 아버지는 여전히 교문 앞에 서서 나를 바라보고 계셨다. 그래서인지 수업을 하는 동안 내내 왠지 마음이 든든했던 기억이 난다. 나를 보며 환히 웃으시던 미소를 떠올리면 지금도 마음이 따스해진다.

얼마 전 내가 다녔던 초등학교에 가 보았다. 운동장에 서니 아버지의 목소리가 귓가에 울리는 것만 같았다. 세월이 많이 흘렀지만 학교 곳곳에는 아버지와 함께했던 추억이 그대로 남아 있었다. 운동회 날 손을 잡고 함께 뛰던 운동장, 비가 오는 날이면 우산을 들고 서 계시던 교문 앞, 학교에서 배탈이 나 아버지 등에 업혀 내려오던 좁은 길……. 이상하게도 30년이 훨씬 지난 일인데 기억은 더 또렷해졌다. 그때는 몰랐던 아버지의 마음을 조금은 이해할 수 있을 것 같다.

예수님께서는 사랑하는 열두 제자를 파견하시며 당부의 말씀을 하신다(마태 10,5-15 참조). 또한 사랑하는 제자들에게 몸가짐과 해야 할 일을 하나하나 일러 주신다. 그리고 전교 여행에 꼭 필요한 것만을 지니라고 한 다음, 그 당시 부유한 사람들이 하던 '속옷을 두 벌 껴입는 행위'까지도 금지하신다. 사실 많이 가지고 있는 것, 많이 아는 것이 때로는 오히려 걸림돌이 되기도 한다. 그래서 예수님께서는 제자들에게 한눈팔지 말고 오직 복음 선포에만 헌신하라고 당부하신다. 제자들을 거친 세상 속으로 떠나보내는 그분의 사랑을 느낄 수 있다.

선포는 본래 심부름꾼이 심부름 보낸 이의 이름으로 중대한 내용을 알리는 행위다. 원래 열두 제자들은 예수님의 심부름을 하는 것이었다. 하지만 예수님께서는 제자들을 파견하실 때 당신의 능력도 함께 나누어 주셨다. 이 대목을 읽으며 큰 위로와 힘을 받곤 한다.

삶의 힘든 순간마다 곁에서 든든히 나를 지켜 주는 아버지의 존재는 위로가 되어 준다. 주님께서도 마치 어린 아들의 등교를 도와주는 아버지처럼 우리와 함께하고 계시다. 이를 마음속에 새길 때마다 마음이 따뜻해져 오는 걸 느낀다. 주님의 그 자애로운 사랑을 깨달았기 때문이다.

## 믿음을 청하는
## 용기

 '믿음'하면 떠오르는 우화가 있다. 약속을 잘 지키지 않았던 아들과 아버지에 관한 이야기다.

 늘 말썽만 부리는 아들에게 아버지가 말했다.

 "한 번만 더 약속을 지키지 않으면 추운 다락방으로 보내 버릴 테다!"

 그러나 아들은 또다시 약속을 지키지 않았다. 아버지는 아들을 추운 다락방으로 가게 했다. 아들을 다락방으로 보내고 잠자리에 든 부부는 잠을 잘 수가 없었다. 어머니가 먼저 입을 열었다.

"괴롭더라도 좀 참아 봐요. 지금 당신이 가면 오히려 아이를 망치는 거예요."

한참을 괴로워하던 아버지가 입을 열었다.

"그렇지만 추운 방에서 아이가 혼자 떨고 있다고 생각하니 마음이 아파서 견디질 못하겠소."

아버지는 결국 다락방으로 올라갔다. 문을 열고 들여다보니 아들은 베개도 없이 몸을 웅크리고 누워 있었다. 아버지는 그 옆에 누워 아들을 꼭 안아 주었다. 아들은 자신을 안고 있는 아버지의 체온을 느끼고 눈물을 흘렸다. 그리곤 가만히 자신의 뺨을 아버지의 뺨에 비비며 생각했다. 부모님이 곁에 계시지 않는다는 사실, 자신의 곁에 아무도 없고 혼자라는 게 얼마나 외로운 일인지를……. 아들은 아버지의 사랑을 느끼며 큰 위로와 힘을 얻었다.

마태오 복음서 14장 22절에는 예수님께서 기도하러

산에 오르신 동안 제자들이 탄 배가 역풍을 만나 위험에 처한 이야기가 나온다. 배는 흔히 곤경에 처한 교회에 비유된다. 이럴 때 가장 큰 위로와 힘이 되어 주는 건 바로 믿음이다. 예수님께서는 제자들에게 다가오셔서 "나다. 두려워하지 마라."(마태 14,27) 하고 말씀하신다. 그러자 베드로가 "주님, 주님이시거든 저더러 물 위를 걸어오라고 명령하십시오."(마태 14,28)라고 말한다. 그는 물 위를 걸어 예수님께 가지만, 거센 바람이 불어 무서운 생각이 들자 그만 물에 빠지고 말았다. 베드로는 예수님을 향한 믿음을 지니고 용감하게 물 위를 걸어갈 수 있었다. 그러나 그의 믿음은 완전한 것이 아니었다.

물에 빠진 베드로는 다시 예수님께 구조를 요청한다. 이런 위기 상황에서 예수님을 찾으며 그분께 도움을 요청하는 것도 믿음의 행위라고 할 수 있다. 예수님께서는 그런 베드로의 손을 잡아 주시며 말씀하신다. "이 믿음이 약한 자야, 왜 의심하였느냐?"(마태 14,31) 이 말씀은 질

책이라기보다는 격려의 말씀으로 들린다. 그리고 나서 예수님이 배에 오르시자 바람이 그쳤다.

물 위를 걷다가 빠져 허덕이는 베드로의 모습은 어쩌면 우리의 모습일지도 모른다. 사실 주님께서 손을 잡아 주시지 않는다면 한 발자국도 움직일 수조차 없다. 물 위를 걸을 시도조차 하지 못하고, 쉽게 유혹에 빠지고, 늘 흔들리고 좌절하고 쓰러지는 게 인간이다. 그럼에도 주님께 믿음을 청하는 용기가 필요하다. 어려움 안에서 주님을 간절히 부른다면 내 손을 잡아 주시는 그분을 만나게 될 것이다.

# 내 슬픔을
# 등에 지고 가는 이

본당에서 사목할 때의 일이다. 구역에서 반장으로 열심히 활동하던 한 자매님이 암 진단을 받고 수술 날짜를 기다리고 있다는 이야기를 들었다. 밝고 적극적인 성격으로 본당 신자들에게 사랑받던 분이어서 더욱 마음이 아팠다. 그분께 병자성사를 주려고 찾아가자 자매님은 바쁜 시간을 뺏었다며 무척 미안해했다. 병색이 완연했고 목소리에도 힘이 없었다. 그렇지만 미소를 띠려고 노력하는 흔적이 역력했다. 나는 다른 환자들에게 폐가 되지 않도록 낮은 목소리로 병자성사를 드렸다. 성사가 끝난 후 주위 환자분들에게 휴식을 방해해서 미안하다고 말씀드렸다. 그러자 옆 침대의 환자가 그 자매를 가리키며 말했다.

"아니에요. 저분이 성경도 읽어 주고 얼마나 열심히 기도해 주는지 몰라요. 저는 하느님도 모르고 기도도 모르는 사람이지만 정말 큰 위로와 힘을 얻었어요. 참 고마운 분이에요."

자매님은 자신도 아픈 와중에 다른 이를 위해 기도해 주고 있었던 것이다. 나는 감동을 받았고, 또 놀라기도 하였다. 내가 어려울 때 다른 이를 돕는다는 것이 결코 쉬운 일은 아니기 때문이다. 자매님은 승강기를 타는 곳까지 우리를 배웅해 주며 나지막이 이야기했다.

"신부님, 제가 몸은 아프지만 병자성사를 받으니 마음은 행복해요. 그런데 가족들과 구역·반 일이 걱정되네요."

나는 목이 메어 제대로 대답도 못하고 고개를 돌렸다. 얼마 후 그분은 사랑하는 남편과 자녀들을 남겨 두고 세상을 떠났다. 결국 병원에서 나눈 짧은 인사가 마지막이 되고 말았다. 장례 미사 내내 마지막까지 다른 이들을 걱정하던 그 모습이 떠올랐다.

인디언 말로 친구를 '내 슬픔을 등에 지고 가는 이'라고 부른다고 한다. 누군가의 슬픔에 그저 말로 위로를 건넬 수는 있지만 그 슬픔을 함께하고 대신 짊어지기란 쉽지 않다. 특히 내가 어려운 상황에 놓여 있을 때는 더더욱 그렇다. 그래서 힘들고 고통스러울 때에 비로소 다른 이의 고통을 이해하기도 한다.

우리가 다른 이의 아픔을 조금씩 나누어 짊어지다 보면 무겁게 짓눌리던 슬픔이 조금은 가볍게 느껴지지 않을까. 다른 이의 슬픔을 등에 짊어지고 함께하고자 했던 그 자매님은 진정한 '친구'의 모습이었다.

# 희망의 지평선을
# 바라보는 이들

　새해가 되면 꼭 읽는 시가 있다. 김종길 시인의 〈설날 아침에〉이다. 각박한 현실이지만 착하고 슬기롭게 살자는 시인의 마음에 공감이 간다. 누구나 새해 첫날이 되면 희망을 품고 새롭게 시작하고자 한다. 그렇지만 냉정한 현실은 우리가 인생에서 한 조각의 꿈조차 품지 못하도록 만들기도 한다. 하지만 삶을 살아갈 때에 어떠한 마음 자세를 갖느냐에 따라 달라질 수 있으며, 무엇보다 마음의 행복이 중요하다.

삶에는 언제나 상반된 두 가지가 함께한다. 많은 것들이 있지만 그중에도 고통과 행복이 대표적이다. 고통과 행복 중에서 하나를 선택하라고 할 때, 고통을 선택할 사람은 없을 것이다. 인간이 생각할 수 있는 가장 큰 고통은 아마도 죽음일 것이다. 죽음이 가져다주는 극도의 두려움 때문이다. 예수님께서도 죽음 앞에서는 피땀을 흘릴 정도로 고통스러워하셨다.

이러한 고통을 이겨 낼 수 있는 유일하고도 확실한 방법은 꿈과 희망을 갖는 것이다. 마찬가지로 그리스도인들은 죽음을 이기고 부활하신 예수 그리스도를 바라보며 우리도 언젠가는 부활하리라는 꿈과 희망을 갖는다. 그러기에 신앙의 본질은 희망이다. 신앙인들은 절망과 좌절 속에서도 희망의 지평선을 바라본다. 하느님께서는 인간에게 고통을 허락하셨지만 그 고통을 이겨 낼 희망도 함께 주셨다.

꿈을 꾸는 이들은 늘 영혼의 불을 지펴 주님을 기다

린다. 우리 주변에도 어려운 이들을 도우며 나 자신을 내어 주는 따뜻한 이웃들이 있다. 마치 어두운 밤을 비추는 새벽의 여명과도 같은 이들. 그들은 우리로 하여금 다시 한번 꿈과 희망을 갖게 한다. 또한 인생길이 험난할수록 착하고 슬기로운 꿈을 꾸도록 이끌어 준다. 그 꿈이 한 잔의 술과 한 그릇의 국처럼 소박한 것이라 할지라도…….

새해에는 아무리 험난한 세상이라도 새벽을 기다리는 파수꾼 같은 마음으로 주님을 기다리고 싶다. 그러면 언제나 마음속에서 새날, 희망의 날을 맞이하게 될 테니 말이다.

# 우리를
# 자비로이 부르시니

꾸르실료 피정이 끝나고 한 달이 흐른 뒤, 피정에 참석했던 분들과 다시 만나게 되었다. 함께 미사를 봉헌하고, 음식도 나누며 즐거운 시간을 보내던 중 자연스레 생활 나눔으로 이어졌다. 그중에 나이 지긋한 자매님이 자신의 체험을 이야기해 주었다.

그분은 피정 중에 '무엇을 해야 내 삶을 변화시킬 수 있을까? 내가 누구를 미워하고 있지는 않은가? 누군가와 불편한 관계에 놓인 것은 아닐까?'에 대해 깊이 묵상을 했다고 한다. 그런데 이 문제를 곱씹어 볼수록 이상하게도 함께 살고 있는 며느리가 계속 떠올랐다고 한다. 그동안 별다른 문제없이 화목하게 지내고 있었는데 말이다. 당신과 며느리는 둘 다 자존심이 강한 성격이라 서로에게 흠잡힐 행동은 절대 안 할뿐더러, 서로에게 예의 바르게 대한다는 것이다. 그런데도 마음 깊숙한 곳에서는 무엇인지는 모르지만 불편한 감정이 있었다고 했다.

"겉으로 보기에는 사이가 나쁘지 않았지만 그렇다고 살갑게 가까운 사이도 아니었죠. 문득 우리 사이를 막고 있던 벽을 없애야겠다는 결심이 서게 되었어요. 그래서 피정이 끝나고 집으로 돌아가면 말보다는 행동으로 며느리를 더욱더 사랑해야겠다고 마음먹게 되었지요."

그 자매님은 이 행동을 어떻게 실천할까 고민한 끝에, 출근하는 며느리에게 다가가 무릎을 꿇은 채 정성껏 구두를 닦아 주었다고 한다. 그러자 며느리는 당황해

하면서도 구두 솔을 쥐고 있는 시어머니의 손을 꼭 잡아 주었다. 두 사람은 잠시 눈을 마주치고 서로를 바라보았다. 그 순간, 자매님은 지난 세월 동안 두 사람 사이를 막고 있던 보이지 않는 벽이 무너지는 걸 느꼈다고 고백하셨다.

"그 일이 있은 뒤로 며느리가 마치 딸처럼 느껴졌어요. 전에는 한 번도 그런 느낌을 받지 못했거든요. 사랑의 힘이 참으로 놀랍다는 것을 새롭게 체험하게 되었습니다. 제가 이렇게 행동할 수 있었던 것은 하느님께서 저를 도와주셨기 때문이겠지요."

그 이야기를 들으며 누군가를 용서한다는 것은 하느님께서 주시는 능력임을 다시 한번 깨달았다. 내게 잘못한 이를 용서하기 힘들다고 자책하는 이들이 있다. 용서는 하느님께 청해야 할 은총이다. 사제 서품 때, 바닥에 엎드려 성인 성녀에게 기도를 바치는 순간이 있다. 한 선배 신부님이 이 순간에 무언가를 청하면 그 기도를 꼭 들어주신다는 이야기를 했다. 나는 이 말을 기억했다가 이런 기도를 바쳤다.

"하느님, 제가 사제가 되면 많은 사람을 만나고 함께하게 되겠지요. 저를 좋아해 주는 이들도 있겠지만 제게 상처를 주는 이도 만나게 될 거라 믿습니다. 그런 상황에 놓였을 때, 제가 그를 미워하지 않도록 도와주십시오."

하느님께서 나의 기도를 정말 들어주신 걸까? 누군가와 감정적으로 부딪히는 순간이나 언쟁이 생기면 처음에는 물론 화가 밀려든다. 하지만 조금 시간이 지난 뒤에 마음을 차분히 가라앉히고 나면 미움의 감정은 어느새 사라지고 담담해지는 느낌이 든다. 나는 이럴 때마다 기도의 힘을 절실히 느끼곤 한다.

인간이 할 수 있는 행동 중에 가장 어려운 것이 용서가 아닐까 싶다. 특히 내게 상처와 고통을 안겨 준 이를 용서한다는 건 어쩌면 불가능한 일인지도 모른다. 누군가를 용서할 수 있는 용기는 성령의 은총에서 온다. 나 역시도 용서가 힘든 순간마다 주님께 기도를 바치며 간절히 청하곤 한다. '주님! 아무리 용서하려고 해도 쉽지 않습니다. 제 마음으로는 어떻게 할 수 없습니다. 그러니 주님께서 제 마음속에 용서할 수 있는 은총을 허락해 주십시오.'

주님께서는 이런 우리를 어여삐 여기시어 진정한 용서를 체험할 수 있도록 이끌어 주시리라.

# 믿음으로
# 새롭게 태어날 때

    가톨릭 신자가 되기 위해서는 짧게는 6개월에서 길게는 1년간 예비 신자 교리를 받아야 한다. 교리반이 시작하기 전에 본당에서는 예비 신자들을 예비 신자 환영식으로 맞이한다. 자발적으로 오는 분들도 있지만, 가족이나 친지의 손에 인도되어 오기도 한다. 때로는 여러 번 교리반에 등록했으나 이런저런 이유로 중도 탈락하여 졸업하지 못한 분들도 있다. 매번 예비 신자 환영식 때마다 오는 분들을 보면 참으로 각양각색이다. 그럼에도 많은 이들이 하느님을 찾겠다는 열망으로 한자리에 모였다는 사실에 감사함을 넘어 신비롭기까지 하다. 사제는 예비자를 받아들이는 예식을 거행하며 다음과 같이 질문한다.

† 여러분은 하느님의 교회에서 무엇을 청합니까?
● 신앙을 청합니다.
† 신앙이 여러분에게 무엇을 줍니까?
● 영원한 생명을 줍니다.

그리고 사제는 기도로 받아들이는 예식을 마친다.

† 기도합시다.
지극히 인자하신 아버지, 주님의 이 종을 이끌어 주시니 감사하나이다.
주님께서 여러 가지 방법으로 이 사람의 마음을 일깨우시어

예전부터 이 사람이 주님을 찾다가
오늘 교회 앞에서 주님의 부르심에 응답하게 되었나이다.
그러므로 이제 자비를 베푸시어
이 사람이 주님 사랑의 계획을 기꺼이 완성하게 하소서.
우리 주 그리스도를 통하여 비나이다.

이 기도문을 처음 들었을 때에는 그다지 느껴지는 바가 없을 수도 있다. 하지만 시간이 지나고 신앙 체험이 더해질수록 가슴에 와닿는다. 나를 부르시는 분은 하느님 아버지임을 확신하게 되는 기도이기 때문이다.

예비 신자 교리를 지도할 때마다 늘 느끼는 바가 있다. 바로 시간이 지날수록 그분들의 얼굴에 변화가 생긴다는 것이다. 얼굴에 무슨 특별한 시술을 하는 것도 아닌데 분명히 전과는 다른 모습이다. 마치 성경에 나오는 예수님의 영광스러운 변모처럼 해처럼 빛나고 빛과 같이 눈부신 모습으로 말이다(마태 17,1-2 참조). 참으로 신비로운 일이다. 아마 하느님을 알아 가는 여정 안에서 창조 본래의 아름다운 모습으로 돌아가는 게 아닐까 싶다. 말쑥하게 차려입은 겉모습보다 그 마음이 더 아름답게 느껴진다. 가끔 하느님 자녀로 새로 태어난 기쁨에 벅차 눈물을 흘리는 분들도 있다. 그런 분들을 볼 때마다 새삼 신앙이 얼마나 아름다운지 깨닫게 된다.

세례식 날에 기쁨으로 가득한 얼굴들을 볼 때마다 떠오르는 한 자매님이 있다. 그분은 내가 맡은 교리반의 예비 신자로 곧 세례를 받을 예정이었다. 그런데 세례식 직전에 면담을 요청하였다. 무슨 이야기인지 들어 보니 갑자기 세례를 받을 수 없다고 하는 것이다. 이유를 물었으나 말을 잇지 못했다. 그분은 곧 어렵게 입을 떼어 자신의 사정을 이야기하기 시작했다.

"신부님, 저는 주님의 딸이 될 자격이 없습니다. 아무리 생각해도 저는 세례를 받을 수 없어요. 지금까지 감히 상상도 할 수 없는 죄를 너무나 많이 지었습니다. 그런 제가 뻔뻔스럽게 세례를 받으려고 하다니요. 차마 그럴 용기가 없습니다."

그분은 한참을 흐느껴 울기 시작했다. 나는 어떠한 말도 할 수 없었다. 주님께서 이 세상에 오신 이유는 죄인을 구원하시기 위해서라고 이야기해 보았으나 설득이 되지 않았다. 자매님은 자신이 하느님께 용서받지 못할 죄를 지었다고 굳게 믿고 있었다. 어떻게 해야 할까 고민하던 끝에 주님께서 직접 말씀하시는 수밖에 없다고 생각했다. 그래서 그분과 함께 성당으로 올라갔다. 자매님은 커다란 십자가 밑에 무릎을 꿇고 기도를 바쳤다. 나는 조용히 방으로 돌아와 자매님이 주님 안에서 답을 찾으실 수 있길 마음속으로 기도드릴 뿐이었다.

다음 날, 그 자매님이 나를 찾아왔다. 어제보다 한결 가벼워진 표정으로 이렇게 이야기했다.

"신부님, 저는 너무나도 부족한 사람입니다. 그렇지만……. 세례를 꼭 받고 싶습니다."

"참 잘 생각하셨습니다. 감사합니다."

그분의 눈가에 이슬이 맺혔다. 그 뒤로도 자매님은 열심히 신앙생활을 했고, 이듬해에는 남편과 두 아들도 모두 세례를 받았다. 나는 주님께서 그날 분명히 그분에게 무언가 말씀하셨으리라 믿는다.

"사랑하는 딸아! 네 죄가 아무리 크다 하더라도 진정으로 뉘우치고 나에게 돌아오면 죄를 용서받고 새사람이 될 수 있다. 너는 나의 딸이다. 사랑한다. 나는 너를 위해 내 생명을 바쳤다."

# 마음의 눈으로
# 세상을 바라본다면

    창세기 성경 공부를 했던 분들을 대상으로 연수를 진행했던 적이 있다. 연수생들은 일 년 가까이 성경 공부를 마치고 연수에 참가했기 때문에 열기가 뜨거웠다. 대부분은 어르신들이었는데, 초롱초롱한 눈망울로 정말 열심히 참여하셨다. 그 눈빛에 내가 다 긴장이 될 정도였다. 그런데 강의실 중간에 앉은 한 중년의 형제님이 창밖을 바라보고 있는 모습이 눈에 띄었다. '혹시 내 강의가 지루한가?'라는 생각에 조바심이 났다.

그러다가 쉬는 시간에 복도에서 그분을 보고는 깜짝 놀랐다. 알고 보니 그분은 시각장애인이어서 강의 때 내가 하는 말을 좀 더 잘 듣고자 내 쪽으로 귀를 돌리고 있었던 것이다. 나는 잠시나마 불편한 감정을 느꼈던 것이 몹시 미안했다. 형제님은 그동안 다른 맹인들과 점자로 1년 이상 창세기 공부를 했는데, 가끔 봉사자가 읽어 주는 성경 말씀을 들어야 해서 시간이 많이 걸렸다고 했다.

"신부님, 저는 나이가 들어 사고로 시력을 잃게 되었습니다. 그런데 성경을 읽다 보면 오히려 그 전보다 요즘 더 많은 걸 보고 느끼게 됩니다."

진정으로 본다는 것은 단순히 눈으로 보는 걸 뜻하는 게 아니다. 이는 어떤 이치를 깨닫고 이해한다는 의미다. 성경에서 '자비'는 일반적인 동정심과는 다르다. 자비란 하느님께서 불쌍한 죄인들에게 끊임없이 사랑과 관심을 갖고 계신다는 의미다. 예수님께서는 눈먼 거지가 "저에게 자비를 베풀어 주십시오."(마르 10,47)라고 간청했던 것을 외면하시지 않는다.

"가거라. 네 믿음이 너를 구원하였다."(마르 10,52)

눈을 뜨게 된 이는 육체적으로는 시력을 회복하고, 영적으로는 믿음으로 구원되어 예수님을 따랐다. 단순한 시력 회복에 그치지 않고 더 심오한 구원 체험을 한 것이다.

부족함 없이 사는 것처럼 보여도 마음으로는 영적인 갈망을 느끼는 이들을 만나곤 한다. 그래서 늘 마음의 창을 믿음으로 닦아야 한다. 사랑의 눈, 순결한 마음의 눈을 지닌 이는 하느님과 참다운 자신을 볼 수 있다. 창세기 연수에서 만났던 그 형제님이 성경을 통해 자신의 한계를 넘어 새로운 세상에 눈을 뜬 것처럼 말이다.

우리가 마음의 눈으로 세상을 바라본다면 오히려 더 많은 걸 보게 된다. 생텍쥐페리의 《어린 왕자》에 나오는 구절처럼 말이다.

"우리는 마음으로만 진실하게 볼 수 있단다. 정말 중요한 것은 눈에 보이지 않거든."